Les formalités voulues par la Loi ayant remplies, tout Exemplaire qui ne sera revêtu de la Signature de l'Auteur réputé contrefait.

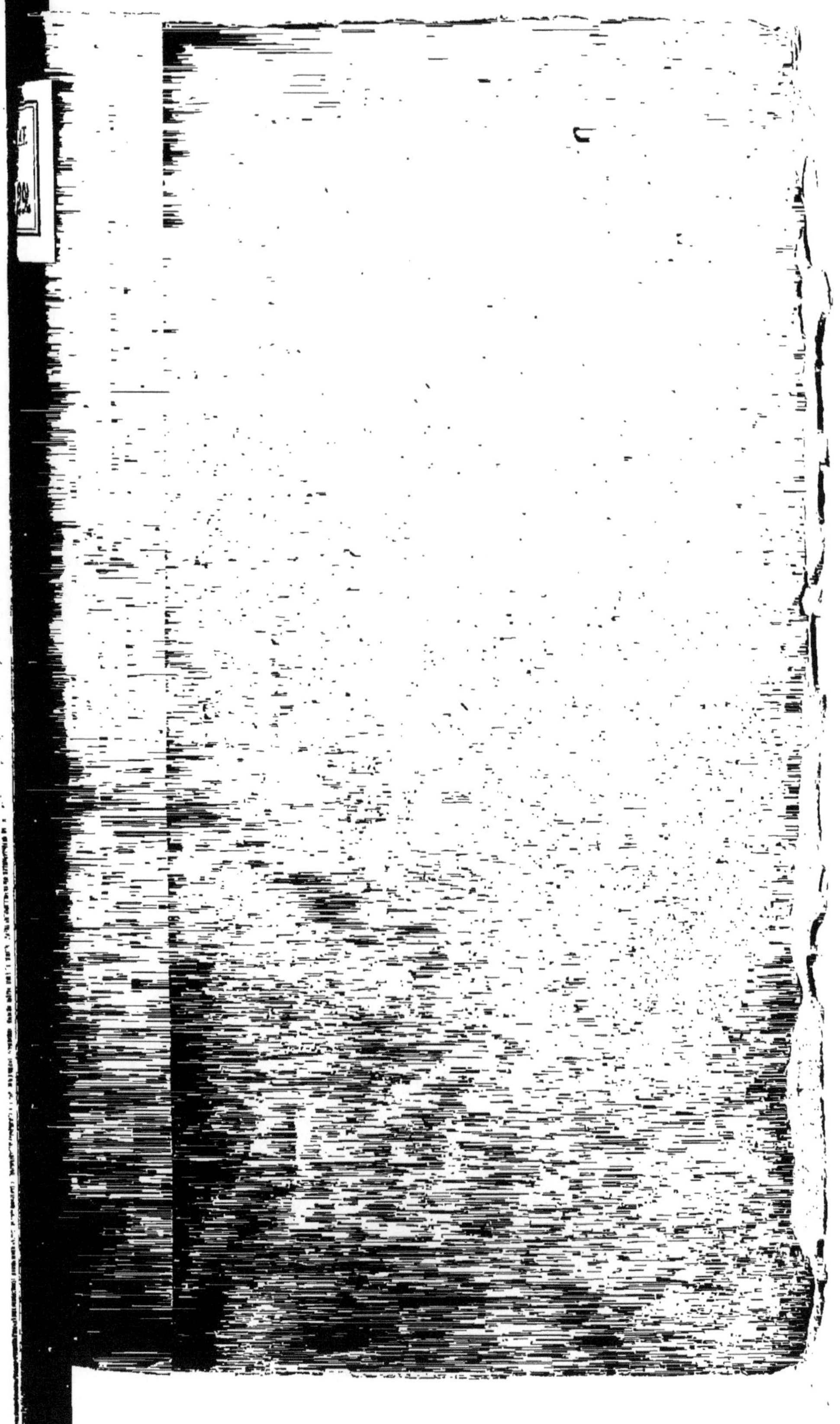

LA
FAMILLE TILBURY.

1.

LA
FAMILLE TILBURY,

OU LA
CAVERNE DE WOKEY;

PAR

Mme LA COMTESSE DE MALARME,

NÉE DE BOURNON,

DE L'ACADÉMIE DES ARCADES DE ROME.

TOME PREMIER.

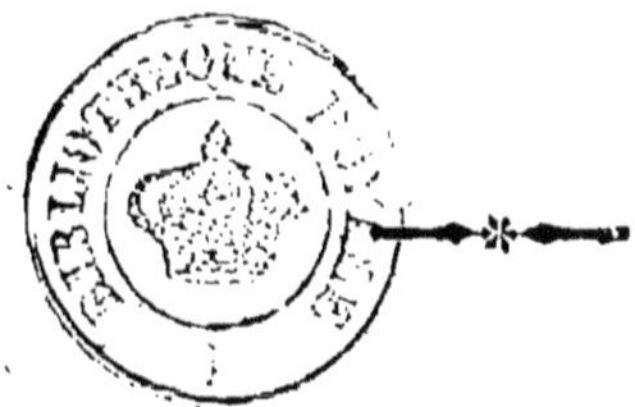

PARIS,
CHEZ CRETTE, LIBRAIRE,

RUE SAINT-MARTIN, N° 94.

1816.

LA

FAMILLE TILBURY.

CHAPITRE PREMIER.

Ma bonne amie, je vous demande, comme une grâce, de ne pas persister à vouloir visiter cette caverne. — Quelles sont vos raisons pour vous y opposer? — Il y a plus de cent ans, dit-on, que personne n'a osé y entrer; on assure qu'il y habite un monstre et des bêtes venimeuses. — Je sais qu'on le dit; mais, depuis cent ans, elles ont eu le temps de mourir. — Et aussi celui d'y laisser de leur progéniture. — Je serais fort aise de m'en assurer. —

Ainsi, vous vous refusez à mes instances ? — Sans doute , puisqu'elles ne
sont fondées que sur des craintes va-
gues. — Attendez du moins que vous
puissiez être accompagnée par quelqu'un qui serait dans le cas de vous
protéger... par... George. — Pensez-
vous, Théodosia, qu'il voulût me défendre à ses risques et périls ? — Dois-
je en avoir une autre opinion ? — Ma
douce et bonne sœur, votre réponse
n'en est pas une ; mais je n'insiste pas
sur ce point : cependant je ne mettrai
pas mon frère à une aussi dangereuse
épreuve. — Arrêtez , Adolphina ; je
vous en supplie , au nom de notre mutuelle tendresse : ne vous exposez pas
seule à entrer dans cet antre épouvantable. Ma sœur, mon amie, cédez à
mes alarmes... Elle ne m'écoute pas ;
eh bien ! je vais la suivre... Le pourrai-
je ? l'effroi me saisit... mes jambes chan-

cèlent... ma vue se trouble. O Dieu! les forces me manquent entièrement... je n'y vois plus ; je me meurs.

La scène que je viens de décrire se passait dans le Somersetshire, à peu de distance de la montagne Mendip, et à l'entrée d'une caverne vulgairement appelée le Trou de Wokey (*Wokey-Hole.*) Une ancienne tradition prétendait qu'un animal monstrueux s'était réfugié dans ce lieu, dont on avait vainement tenté, par toutes sortes de moyens, de le faire sortir. Cette histoire, vraie ou fausse, éloignait les gens du pays, non-seulement de l'idée de vouloir confirmer ou détruire ces bruits populaires, mais même d'approcher d'un endroit qui pouvait offrir quelque danger.

Dans un village qui portait le même nom que la caverne, et qui n'en était qu'à une petite distance, habitait une famille aisée, sans être riche. M. Tilbury, ayant reçu dans deux campagnes un peu chaudes plusieurs blessures, ne put rester au service; il se retira. C'était un brave militaire; il emporta l'estime de ses chefs, l'amitié de ses camarades, et les regrets de tout le corps. Sa demi-paie composait une partie de sa fortune; mais comme il était encore jeune, et qu'il avait infiniment d'amabilité, il obtint la main et le cœur d'une veuve âgée de trente-deux ans, et qui jouissait de 1500 livres sterlings de revenu. Son premier mari était un marchand de Wells. Outre les agrémens personnels que trouvait mistress Teiltree dans M. Tilbury, elle était extrêmement flattée de lier son sort à celui d'un homme issu d'une famille distinguée.

Mistress Teiltree avait une belle maison située à deux milles de Wells, et

à une portée de fusil du village de
Wokey; elle y amena M. Tilbury et
la sœur de celui-ci : ce fut là où le mariage se célébra, à l'entière satisfaction
des contractans.

Miss Esther Tilbury, dans sa jeunesse, n'était ni bien ni mal; mais le
temps paraissait vouloir la ménager
moins qu'une autre : car six années
s'étaient à peine écoulées depuis le
mariage de son frère, qu'elle semblait
être plutôt la mère que la belle-sœur
de mistress Tilbury. Je ne puis dire si
miss Esther avait beaucoup de défauts;
mais je lui connais celui de la jalousie,
quoiqu'elle s'efforçât de le cacher, et
qu'elle eût l'adresse d'y réussir : car, à
l'époque où je commence cette histoire, je certifie qu'il n'y avait dans
toute la famille qu'une seule personne
qui savait sur ce point à quoi s'en
tenir.

M. Tilbury vit doubler le bonheur dont il jouissait, par la naissance d'un fils qui naquit, au bout d'un an, du mariage de ses parens : on le nomma George. Dix-huit mois après, il fut suivi d'une fille qui porta le nom de sa mère, Adolphina. La naissance d'une seconde fille aurait complété la félicité de ce bon père ; mais, hélas ! l'arrivée de Théodosia dans le monde fut le signal du départ de sa mère. Le premier baiser que Théodosia reçut de celle qui lui donnait le jour fut un éternel adieu. Il semblait que la nature indiquait à cette enfant la grandeur de la perte qu'elle venait de faire, car ses cris durèrent plus de six heures, sans qu'il eût été possible de les faire cesser. Trop faible pour supporter d'aussi violens efforts, Théodosia tomba dans un tel accablement qu'on la crut morte.

M. Tilbury fut le premier à s'aper-

cevoir qu'elle existait encore. Cette
espèce de résurrection sembla apporter
quelques consolations dans son cœur
affligé : c'était le dernier présent qu'il
recevrait de sa bien-aimée. Il s'y atta-
cha autant, et peut-être plus, qu'à ses
deux autres enfans ; cependant il se
promit de ne jamais laisser deviner
que Théodosia était l'objet d'une légère préférence.

La même nourrice qui avait allaité
l'aînée se chargea de la dernière; ainsi
Adolphina et Théodosia furent double-
ment sœurs. Ce second lien ajouta encore à leur tendre attachement. Quand
elles eurent atteint l'âge de raison ,
elles se disaient souvent : Si l'on nous
séparait , nous ne pourrions exister ;
chacune de nous n'est qu'une moitié
de l'autre : tout, jusqu'à l'air que nous
respirons , devient une communauté
entre nous. Adolphina et Théodosia

étaient continuellement ensemble : mêmes goûts, mêmes sentimens, je pourrais ajouter mêmes pensées, se manifestaient dans les deux sœurs ; cependant la ressemblance physique cessait totalement quand on les considérait à côté l'une de l'autre, et pourtant, dès qu'elles étaient séparées, on reconnaissait dans l'ensemble de leurs figures une sorte de similitude qui frappait au premier coup-d'œil.

Adolphina était grande et bien faite ; ses cheveux, très-bruns, contrastaient avec l'extrême blancheur de sa peau ; de longs cils ombrageaient de très-beaux yeux noirs : son visage rond lui donnait l'air fort jeune.

Théodosia avait la taille un peu plus élevée que celle de sa sœur, sans être néanmoins trop grande. Une immense quantité de cheveux, du plus joli blond, couronnaient un front charmant; son teint superbe, quoiqu'un peu pâle, excitait l'admiration générale. Ses yeux bleus avaient autant d'agrémens et plus de douceur que ceux d'Adolphina. Toutes deux avaient la bouche un peu grande, mais si bien ornée, qu'on eût été fâché qu'elle fût plus petite. J'ai dit qu'elles avaient les mêmes sentimens; je puis ajouter que leur caractère était entièrement semblable, et ce caractère était un des plus aimables qu'on puisse trouver : une humeur d'une égalité parfaite en faisait la base. Les actions et la conduite de George apprendront au lecteur l'opinion qu'il en doit prendre.

CHAPITRE II.

A la mort de mistress Tilbury, miss Esther, sa belle-sœur, se chargea du gouvernement de la maison qu'elle habitait, comme amie, depuis le mariage de son frère. Il n'y eut rien à dire sur son administration ; elle y mit de l'économie sans parcimonie : ce qui plut d'autant plus à M. Tilbury, que sa fortune ne le forçait pas à des privations. Dix-huit mois avant d'avoir perdu sa femme, il avait hérité de son chef de 1200 livres sterlings de revenu, outre une somme comptant de 3000 livres : sur cette dernière, il s'était réservé le quart pour soulager quelques familles des environs, qu'il savait dans

la plus grande détresse. Des bienfaits,
distribués avec discernement et délicatesse, lui avaient mérité non-seulement
la reconnaissance des obligés, mais
aussi l'estime des honnêtes gens de tout
le canton.

Mistress Tilbury avait à son service
une femme qui avait été élevée avec
elle ; c'était la fille du caissier de son
père : Diana Douglas était son nom. Sa
maîtresse, ayant reconnu en elle les
qualités les plus précieuses, la considérait plutôt comme une amie que comme
une domestique. Craignant de succomber à sa dernière couche, comme elle
en avait le pressentiment, elle exigea
de Diana sa parole qu'elle n'abandon-
nerait jamais ses enfans : je ne sais si
elle fit la même prière à miss Esther,
sa belle-sœur.

Douglas avait trois ou quatre ans de
moins que mistress Tilbury, et cette

dernière en avait à peine trente-six quand elle quitta la vie. Diana était donc en âge de se marier si elle l'eût voulu, d'autant qu'elle était très-bien de son personnel ; néanmoins elle jura à sa maîtresse de mourir dans le célibat, et de consacrer son existence à Adolphina et à l'être qui lui devrait bientôt le jour. Cette promesse tranquillisa mistress Tilbury, et lui fit attendre avec résignation l'événement fatal.

Ne voulant se séparer d'aucun de ses enfans, M. Tilbury donna à son fils une éducation domestique. Quelqu'un de sa connaissance, qui habitait Bristol, lui recommanda un homme dont il vantait l'esprit, l'instruction et la moralité. Ce phénix était âgé de trente-un ans ; son personnel était agréable : il plut à tout le monde, excepté à Diana. Cependant, voyant que M. Alfred

Worm excitait une espèce d'enthou-
siasme dans la famille, elle s'abstint de
laisser paraître ce qui, dans le fait,
pouvait n'être qu'une injuste prévention.

Alfred parut s'appliquer à gagner
l'amitié de son élève, et y réussit jusqu'à un certain point; c'est-à-dire que
George ne se refusa pas à lui assurer
qu'il l'aimait beaucoup : mais il ne put
obtenir sa confiance. Dès sa plus grande
jeunesse, George s'était accoutumé à
être tellement maître de lui-même, qu'il
ne commettait jamais les indiscrétions
qui échappent souvent aux enfans, sans
qu'ils s'en doutent : on en conclura peut-
être que le jeune Tilbury était dissi-
mulé. Ne serait-ce pas un jugement
prématuré ?

M. Worm était vassal de Shelter-
House (nom de la maison de campagne
de M. Tilbury), depuis six ans. Son

I.   2.

élève en avait dix-huit, quand la tranquillité qui régnait dans la famille fut
tout à coup troublée, sans qu'on pût en
deviner la raison. Miss Tilbury devint
d'une humeur difficile, d'un caractère
inégal ; Diana parut continuellement
triste ; Adolphina échangea un air en-
joué contre un sérieux imperturbable :
sa sœur suivit son exemple, et George
se livra à une extraordinaire dissipation. On le voyait rarement passer une
journée à Shelter-House. Les parties de
plaisir se succédaient avec une éton-
nante célérité. Hier, il avait été au bal
à Wells ; aujourd'hui, il est d'un dîner
avec des jeunes gens de Wokey ; demain, il ira à la chasse. A la vérité, il
était toujours accompagné de son gouverneur ; mais il est probable que
M. Worm n'était pas un argus redoutable pour son élève, puisque plusieurs
personnes avaient vu Alfred à Wokey,

tandis que George était censé danser à Wells. De tous les habitans de Shelter-House, M. Tilbury était le seul qui fût resté constamment le même, et ce qui est fort particulier, c'est qu'il ne fit aucune remarque sur le changement des autres; il est possible que chacun eût fait des efforts pour paraître, en sa présence, tel qu'il avait coutume d'être.

Deux années s'écoulèrent dans la situation que je viens de dépeindre. Si, durant cet intervalle, M. Tilbury eût été à portée d'entendre une seule conversation de ses gens, le bandeau qui couvrait ses yeux serait tombé. Ordinairement pour connaître ce qui se passe dans une maison, on pourrait s'en instruire par la voie des valets : les qualités, et surtout les défauts de leur maître, sont le principal sujet de leurs entretiens. Diana se trouvait très-rarement avec les autres domestiques ; ce-

pendant elle n'ignorait ni ce qu'ils disaient, ni ce qu'ils pensaient. La situation de cette honnête créature était extrêmement embarrassante. Parler ou se
taire avait presque un égal inconvé-
nient : en parlant, elle troublait la
tranquillité de son maître, auquel elle
était fort attachée ; cependant c'était
uniquement à lui qu'elle pouvait s'ouvrir. Adolphina et Théodosia ne devaient rien savoir de ce qu'elle aurait
eu à dire : en se taisant, elle pouvait
craindre que le mal ne devînt incu-
rable.

Les choses étaient précisément dans
cet état, quand les deux sœurs, qui
souvent se promenaient dans les environs de Shelter-House, eurent la
fantaisie de pousser leur promenade
jusqu'à la caverne de Wokey. Plusieurs fois Adolphina avait témoigné
le désir de pénétrer sous l'espèce de

voûte qui ouvrait le passage. Théodosia s'y était toujours opposée ; on a vu que, malgré ses instantes prières, Adolphina s'était élancée dans l'antre redoutable.

CHAPITRE III.

L'EFFROI de Théodosia avait été si fort, en voyant disparaître sa sœur, que ses forces lui avaient totalement manqué. Soit l'effet de sa chute, ou celui de la révolution qui s'était faite en elle, un évanouissement qui dura plusieurs heures en fut le résultat. Quand elle revint à la vie, il faisait tout-à-fait nuit : son premier mouvement, en se rappelant la cause de l'état d'où elle sortait, fut de voler sur les traces de celle qu'elle chérissait tendrement ; mais il lui fut impossible de découvrir l'entrée du gouffre. Après de longues recherches, elle s'aperçut que le lieu où elle se trouvait n'était pas celui où elle se souvenait

fort bien qu'elle était tombée. Vainement elle appela Adolphina : aucune
voix ne répondit à la sienne. Après une
multitude de démarches inutiles, elle
fut forcée de regagner la maison, afin
d'envoyer tous les domestiques au secours de sa sœur. Malgré que Théodosia eût infiniment d'esprit, elle prêtait
quelquefois une entière croyance aux
récits populaires. On lui avait si souvent répété que Wokey-Hole était un
repaire de bêtes féroces, protégées par
une puissance surnaturelle, qu'elle était
peu éloignée de croire à cette assertion.
Cette affreuse idée augmentait ses inquiétudes, et doubla ses forces pour
accélérer son arrivée à la maison. Le
désordre dans lequel était sa figure pâle,
et ses cris déchirans, annoncèrent, lors
de son entrée dans le parloir, qu'elle
apportait de sinistres nouvelles. Où
est Adolphina ? demanda M. Tilbury,

inquiet de ne pas la voir revenir avec sa sœur. Dès qu'on put comprendre la désolée Théodosia, son père et tous les domestiques, munis de flambeaux, prirent le chemin de la montagne de Mendip, au pied de laquelle se trouve Wokey-Hole.

M. Tilbury y entra le premier, et fut immédiatement suivi par tous ses gens.

L'ouverture est de six pieds de haut sur cinq de large ; bientôt elle s'élargit, et devient une voûte très-spacieuse, ressemblant à une espèce de cathédrale : le plafond est composé de rocs saillans et inégaux, à travers desquels filtre continuellement, goutte à goutte, une eau extrêmement limpide. De ce souterrain un passage étroit descend, par une pente rapide, dans un autre plus petit ; au-delà, un second passage conduit à un troisième souterrain qui n'a plus aucune issue apparente.

M. Tilbury ne trouva, dans ce lieu, rien qui pût lui donner des inquiétudes sur le sort de sa fille. Une mousse verte et fine couvrait entièrement la terre, et il ne paraissait pas qu'elle eût été foulée. Après la plus scrupuleuse recherche, facile à faire dans un lieu qui n'offre aucune sinuosité, M. Tilbury retourna sur ses pas, et se hâta de regagner Shelter-House, bien persuadé qu'il y trouverait Théodosia ; s'imaginant qu'elle avait pris un autre chemin que sa sœur pour revenir à la maison. En apprenant que Théodosia n'avait pas reparu, ce malheureux père resortit aussitôt, et envoyant ses domestiques sur différentes routes, il reprit celle de Wokey-Hole, faisant retentir au loin le nom de sa bien-aimée. Hélas! ce fut inutilement qu'il parcourut plus de quatre milles. A neuf heures du matin, il retourna à Shelter-House, le

corps brisé par la fatigue, et le cœur
déchiré par le chagrin. Comme il tra-
versait la Hall, il rencontra son fils qui
rentrait. L'état d'ivresse dans lequel il
était le révolta tellement, qu'il lui
adressa, contre sa coutume, des paroles fort dures; puis, se tournant vers
Alfred, qui accompagnait son pupille,
il lui reprocha de souffrir de pareils
excès. M. Worm chercha à s'excuser,
en rejetant la faute sur George, qui
écoutait, disait-il, rarement ses avis.
—Comment auriez-vous pu m'en donner? dit, en balbutiant, le jeune homme,
puisque nous nous voyons en ce moment pour la première fois depuis
hier au matin? —Vous n'y pensez pas,
répliqua le gouverneur. Le vin trouble
votre raison; je ne vous ai pas quitté
de la journée et de la nuit. —Alfred,
ne te fâche pas; j'ai oublié que je devais
dire cela. Sur mon honneur, ma mé-

moire m'a tout-à-fait manqué; mais une
autre fois, j'apprendrai ma leçon par
cœur. Ne t'inquiète pas, je n'en omet-
trai pas une syllabe. M. Tilbury ne
permit pas à Worm de riposter, et lui
lançant un regard où se peignait son
mécontentement, il monta l'escalier.
Théodosia accourait au-devant de son
père. Un coup d'œil suffit pour l'instruire de leur malheur commun. —
Vous ne ramenez pas ma sœur ? dit-
elle, en posant sa main sur la rampe
de fer, pour s'empêcher de tomber.
Son père, qui la vit chanceler, la sou-
tint dans ses bras, et la porta dans le
salon, où il la déposa sur un sofa. Miss
Tilbury, qui travaillait d'un air fort
paisible, demanda à son frère s'il n'a-
vait eu aucune nouvelle de la fugitive ?
— Je ne sais, madame, de qui vous
voulez parler; si votre question concerne votre nièce Adolphina, cette dé-

nomination est aussi déplacée qu'elle est injurieuse. — Ne vous fâchez pas, mon frère, je ne voulais offenser ni vous, ni votre fille ; cependant vous avouerez que sa disparition est si extraordinaire, qu'il serait peut-être excusable de concevoir des soupçons. — Je ne le souffrirai jamais. — A la bonne heure ; mais enfin qu'est-elle devenue, et pourquoi cet entêtement de vouloir entrer dans cette caverne ? — La curiosité de ma sœur était excitée par les discours du public, et j'allais suivre son exemple, quand un mouvement d'effroi a fait faillir mes jambes. — Je conviens de tout ce que vous voudrez ; mais encore une fois, où est Adolphina ? Sans doute, vous n'avez négligé de faire aucune démarche ? — J'ai parcouru tous les environs. Mes gens ont été encore plus loin, et nulle trace n'a pu nous conduire jusqu'à elle. — Certainement il y a là-dessous quelque chose de fort singulier. Parlez, Théodosia, y concevez-vous rien ?—Hélas ! non, ma tante. — Vous êtes-vous aperçu que votre sœur avait une inclination ? — Oh ! non, non ; Adolphina est au-dessus de tout soupçon. — Dussai-je faire de la peine à mon frère, je dirai que cette aventure tient de l'intrigue. — Fi ! ma sœur. Vous devriez être la première à rejeter une pareille idée, si j'étais capable de la concevoir. En ce moment, M. Worm se présenta avec un air consterné. — Je viens d'apprendre, dit-il, que miss Adolphina Tilbury a disparu sans qu'on puisse concevoir ce qu'elle est devenue. Je demande la permission de prendre un cheval, et d'essayer si mes démarches, aidées de mon zèle, ne seront pas couronnées du succès. M. Tilbury accepta ses offres ; mais il ne se livra pas à l'es-

poir : nul ne pouvait mettre plus d'intérêt à une recherche qui le concernait
d'une manière si directe, et cependant
il n'avait pas découvert le plus léger
indice.

Quelques-uns des gens voulurent re-
commencer de nouvelles courses ; mais
comme Alfred signifia positivement
qu'il ne voulait être accompagné par
personne, désirant, ajouta-t-il, avoir
seul la gloire de retrouver Adolphina,
et de la ramener à sa respectable famille, on le laissa parfaitement libre.

Depuis long-temps, Shelter-House
n'était plus le séjour de la gaîté ; aujourd'hui, il est devenu celui de la
plus morne tristesse. Tout le monde
avait des raisons pour regretter Adolphina : les pauvres des environs per-
daient leur bienfaitrice, les domestiques, une bonne et indulgente maîtresse, M. Tilbury, une fille aimable

et respectueuse, Théodosia, une tendre et sincère amie : George même ne
cessait de répéter — Adolphina fait un
grand vide ici ; sa conversation me
rendait moins ennuyeux le temps que
je suis forcé d'y rester. La mauvaise
humeur de miss Esther Tilbury ne
permit pas de deviner si son motif prenait sa source dans la douleur d'être
privée d'une de ses nièces, ou si elle
était excitée par une autre cause.

Je ne tenterai pas de peindre le désespoir de Diana Douglas, en apprenant la disparition d'une de ses élèves ;
elle était très-malade, et alitée lors du
fatal événement : les autres femmes de
la maison, dont elle était fort aimée,
le lui cachèrent les deux premiers jours ;
mais l'air d'abattement de Théodosia,
et surtout l'apparente indifférence de sa
sœur, qui ne manquait jamais de venir
s'informer, plusieurs fois dans la jour-

née, comment se trouvait Diana, lui firent concevoir des soupçons; mais ils étaient loin de la vérité. Elle craignait que cette chère enfant ne fût malade : cette appréhension lui donna le courage de se lever pour aller s'éclaircir de ce qu'on lui cachait. Théodosia se vit forcée de lui faire part du malheur affreux que chacun déplorait. La pauvre femme s'accusa de négligence à remplir les ordres de sa bonne maîtresse. Je lui avais juré, disait-elle en pleurant amèrement, de ne jamais perdre de vue les dépôts précieux qu'elle m'a confiés; si j'eusse été présente, Adolphina ne serait entrée dans la caverne qu'avec mon bras, et si elle a été victime de son imprudence, du moins j'aurais partagé son sort, et je ne serais pas condamnée à éprouver des remords continuels. Théodosia mêlait ses larmes à celles de son excellente gouvernante.

Hélas! elle ne pouvait lui offrir ni recevoir elle-même aucune espèce de
consolation.

Alfred Worm fut huit jours absent.
A son retour, il n'eut pas besoin de
parler pour annoncer le peu de succès
de ses recherches; sa pâleur et l'abattement qui paraissait dans toute sa personne dispensaient d'aucune question.
Miss Esther fut la seule qui lui demanda
quelques détails sur ses infructueuses
courses; il avait été à plus de cinquante
milles. De légers indices avaient soutenu son espérance pendant les premiers jours; mais ils s'étaient évanouis,
et il ne rapportait que la douleur d'a-
voir si mal réussi dans son entreprise.
Il demanda la permission de se retirer,
ayant besoin de repos. Depuis son départ, il ne s'était pas couché, et n'avait
pas dormi dix heures. M. Tilbury le
remercia de toutes les peines qu'il s'é-

tait données, et le pria de prendre celle de revenir le trouver dans sa chambre le lendemain matin : cette invitation parut troubler un peu le gouverneur ; il y répondit par une révérence, et quitta le salon.

CHAPITRE IV.

GEORGE était absent à l'arrivée d'Alfred, et comme il ne rentra qu'à minuit, il ne put le voir avant de se coucher : il faisait à peine jour quand Worm se présenta dans sa chambre. Leur conversation dura trois heures ; le résultat en fut favorable ; car, en quittant George, Alfred se rendit dans le cabinet de M. Tilbury. Son visage était calme et son air tout-à-fait dégagé. Le ton sévère avec lequel M. Tilbury l'interrogea sur la conduite déréglée de son fils ne l'intimida nullement ; il répondit, avec beaucoup de sang-froid, que George n'avait pas un caractère qu'on pût aisément conduire; qu'il ne cessait de lui faire des observations sur ses fréquentes dissipations : il nia qu'on pût donner un autre nom à la conduite de son élève. — Appelez-vous dissipation l'état d'abrutissement dans lequel je l'ai vu ? — C'est la première fois de sa vie. Un dîner avec plusieurs de ses amis, et auquel je me suis dispensé d'assister, parce qu'il n'était composé que de très-jeunes gens, l'a conduit plus loin qu'il ne l'aurait voulu. — Et vous avez jugé à propos de l'excuser par un mensonge ? Quel exemple, monsieur, pour celui que je vous ai confié ! — C'est un tort, sans doute, et que je me suis sévèrement reproché. J'ose croire, monsieur, qu'il ne diminuera pas votre estime ni votre confiance ? — Je ne puis vous l'assurer, et je ne vous dissimule pas que désormais je veillerai également sur mon fils et sur vous. Alfred se mordit les lèvres, mais ne répliqua pas.

M. Tilbury défendit à George de quitter Shelter-House sans sa permission, n'importe pour quel motif. George reçut cette sentence avec beaucoup d'humeur; il voulait en appeler, mais un regard imposant qu'accompagnaient ces mots—obéissez, je le veux, lui ferma la bouche.

Quelques jours après, on remit à M. Tilbury une lettre qui avait été apportée par un paysan, qui dit n'avoir pas l'ordre d'attendre de réponse. En reconnaissant l'écriture de sa fille sur l'adresse, un mouvement de joie fit battre le cœur de ce bon père; il brisa le cachet, et lut ce qui suit :

Lettre d'Adolphina à son père.

« Je ne suis coupable que d'une indiscrète curiosité. O mon père ! croyez-en votre fille, et rejetez tout ce que les apparences peuvent déposer contre elle. Une affreuse destinée s'est annoncée d'une manière épouvantable : mon arrêt est prononcé ; vivre pour souffrir, voilà ce qu'il porte. Hélas ! tout en moi doit être désormais mystère et douleur. A vous, mon père, que je révère à l'égal d'un Dieu, à ma tendre sœur, qui a toujours lu dans mon cœur, à ma chère Diana, que je chéris presque comme une seconde mère, je ferai un secret de tous les horribles événemens qui me sont arrivés depuis mon entrée dans la fatale caverne : c'est à ce prix que j'ai obtenu la permission de vous envoyer cette lettre ; elle vous donnera l'assurance que j'existe encore. Peut-être avez vous cru que j'étais devenue la proie des bêtes féroces qu'on disait habiter dans Wokey-Hole ; j'eusse mille fois préféré devenir leur victime. Ce conte ridicule a été la cause de mon malheur. Je voulais détruire la sotte crédulité des habitans de Wokey, et je me suis précipitée dans l'abîme. Ne vous affligez pas, mon père, votre fille s'est dévouée à l'infortune ; mais elle n'a pas cessé d'être digne de vous appartenir. J'ai renoncé pour toujours au bonheur ; mais l'honneur des Tilbury ne s'est point éteint en moi. Si jamais le sort moins rigoureux me présente à vos yeux, vous pourrez les reposer sur votre Adolphina, sans apercevoir sur son front la rougeur de la honte. En cédant à l'impérieuse nécessité, je me suis conservé le glorieux droit d'occuper toujours la place qui m'a été indiquée par ma vertueuse mère. Je ne sais si l'on me permettra de vous écrire une seconde fois ; cependant je l'espère, en ayant soin de ne rien dire qui puisse vous faire découvrir où je suis, et par l'ordre de qui je suis retenue ; peut-être obtiendrai-je de vous donner de mes nouvelles de temps en temps. Veuillez assurer ma sœur que je sens autant la peine qu'elle éprouve de notre séparation que la mienne propre ; dites aussi à la bonne Douglas que je la prie de mettre des bornes à son affliction. Si vous jugez à propos, mon père, de parler de ma lettre à ma tante et à mon frère, dites-leur que je les aime, et ne cesse de faire des vœux pour leur félicité. Adieu, mon père, conservez le souvenir de la malheureuse

ADOLPHINA.

Après la lecture de cette étrange lettre, M. Tilbury baissa la tête sur sa poitrine, et parut absorbé dans ses réflexions : c'étoit à l'issue du dîner ; toute la famille était rassemblée. George même, contre son ordinaire, était resté dans le salon. Tous les yeux se fixèrent sur M. Tilbury; mais, en voyant son accablement, personne n'osa lui faire de question. Miss Esther, plus assurée que les autres, se préparait à adresser la parole à son frère, quand celui-ci se leva, et se disposait à sortir. Avant qu'il eut atteint la porte, il se retourna, vint prendre la main de Théodosia, qu'il pressa fortement; puis, sans regarder autour de lui, il quitta le salon. —Savez-vous, George, de qui est la lettre que votre père vient de recevoir? demanda miss Tilbury. — Je ne m'en doute seulement pas. — Elle paraît l'avoir vivement affecté. Théodosia, n'avez-vous pas reconnu l'écriture de votre sœur? — J'étais trop éloigné de mon père pour en juger. Je ne me serais pas permis, d'ailleurs, de chercher à pénétrer une chose qui ne m'était pas communiquée. Miss Esther jeta un regard de mécontentement à sa nièce. George haussa les épaules, et sortit en sifflant dans ses doigts. — Depuis quelque temps, reprit miss Tilbury, on a l'air de se défier de moi. Cela est extrêmement désobligeant. Théodosia ne répondit pas. — Mon reproche, continua la tante, est nommément dirigé contre vous, ma nièce. Votre réserve me déplaît beaucoup.— Je m'en afflige d'autant plus que je ne pense pas avoir le tort que vous me supposez. — Si vous vous figurez, Théodosia, que je suis dupe de votre ignorance affectée sur le sort de votre sœur, vous vous trompez complétement. — Je vous proteste, ma tante, que je n'en sais malheureusement pas plus que vous. — Vous ne me persuaderez pas que l'histoire de la caverne ne soit un conte. Il m'étonne même que mon frère, qui a du bon sens, ait assez

de crédulité pour croire... — Pardon,
madame, dit Théodosia en interrompant sa tante, mais il m'est impossible
d'en entendre davantage ; elle s'étoit
levée, et après avoir salué respectueu-
sement miss Esther, elle se retira.
M. Worm, témoin de la conversation,
avait gardé le silence ; il resta seul avec
miss Tilbury, et deux heures après il
alla trouver M. Tilbury pour lui demander la permission de s'absenter une
semaine. Des affaires d'intérêt nécessi-
taient sa présence. M. Tilbury ne fit
aucune difficulté, et Alfred, après être
retourné près de la tante de son élève
pour lui faire ses adieux, monta à
cheval et se mit en route. En apprenant le départ d'Alfred, George parut
fort mécontent. En présence du valet
qui le lui avait annoncé, il frappa du
pied en jurant. — Le coquin en fera

tant, murmura-t-il, qu'il se fera honteusement chasser. A-t-il dit où il allait? — Sans doute mon maître ne l'ignore pas, car M. Worm a été en prendre congé. — Il a vu mon père ? — Oui, monsieur. — C'est donc par ses ordres qu'il a quitté Shelter-House? — Je ne le sais pas. — Cela suffit. Dès qu'il fut seul, George s'écria : Et moi aussi je veux m'absenter d'une maison où je m'ennuie à mourir. Ma sœur a bien fait de s'évader. Cependant cette aventure est incompréhensible ; la vieille folle dit qu'Adolphina s'est tout bonnement enfuie, cela peut être ; mais elle ajoute qu'elle est sûre que sa nièce est partie avec un amant : je ne puis le croire. Je suis, je l'avoue, un assez mauvais sujet ; mais par Dieu je tiens à l'honneur de ma famille, et si ma sœur était capable de l'entacher, je tuerais son séducteur, et je la forcerais à venir expier sa faute en la remettant entre les mains de notre méchante tante.

En quittant le salon, Théodosia était allé trouver miss Douglas qui gardait toujours le lit. Sa maladie était très augmentée depuis le fatal événement survenu dans la famille. Théodosia lui rendit compte des soupçons affreux de sa tante, et s'affligea de ce que les circonstances pouvaient autoriser des idées aussi injustes. — Miss Esther ne croit pas ce qu'elle vous a dit, mais elle est bien aise de trouver un motif pour nuire à votre sœur qu'elle n'a jamais aimée, et qu'elle hait de toutes ses facultés depuis quelques années. — Haïr Adolphina! s'écria Théodosia, la chose est-elle donc possible? — Non pour vous, pour moi, pour tous ceux qui savent et veulent l'apprécier. — Ma tante n'a aucune raison pour refuser de rendre justice à la meilleure et à la plus vertueuse des femmes. — Les gens méchans ne consultent pas la raison pour agir. — Je sais que ma tante est d'une humeur difficile, mais je ne la crois pas méchante. — Jusqu'à présent, ma chère enfant, j'ai cru devoir vous laisser dans l'ignorance sur le véritable caractère de miss Esther. Le moment est arrivé où il devient nécessaire de vous prémunir contre l'hypocrisie et la trahison. — Chère Douglas, vous me remplissez d'effroi. — Je ne dois pas vous cacher plus long-temps que miss Esther est l'assassin de votre mère. — Juste Ciel ! — Ce sont les chagrins qu'elle lui a causés qui ont avancé ses jours. Ma pauvre maîtresse méritait d'être heureuse, hélas ! Depuis son second mariage, elle a vécu dans des tourmens continuels. — Vous m'étonnez de plus en plus, Diana, je croyais

que M. et mistriss Tilbury étaient tendrement attachés l'un à l'autre. — Rien
n'est plus vrai. Aussi les chagrins de
votre mère ne venaient pas de son
époux : si elle eût eu pour son mari
une tendresse moins vive, et moins
de délicatesse dans les sentimens, ses
peines auraient eu un terme. Qu'elle
connaissait bien toute la bonté de sa
victime, celle qui se plaisait à l'ac-
cabler d'outrages! — Miss Tilbury est
donc un monstre de cruauté? — Cette
femme, ma chère Théodosia, est un
composé épouvantable de tout ce qui
est fait pour donner du repoussement
et de l'horreur. — Mon père connaît-il
le caractère affreux de sa sœur? Il la
croit telle qu'elle devrait être. — Et
ma mère ne lui a pas appris qu'elle
avait à s'en plaindre? — Jamais. Elle
savait que cette découverte rendrait
son mari malheureux ; elle est morte

avec ce funeste secret. — Mais, ma bonne amie, vous qui connaissiez les souffrances de votre maîtresse, comment avez-vous pu ne pas en révéler le motif à mon père? — Votre digne mère avait exigé de moi le serment que je garderais le silence, et souvent elle me le faisait répéter. — Voudriez-vous, ma chère Diana, me faire connaître des particularités qui intéressent autant mon cœur? — J'y consens. Mais je doute que vous puissiez ensuite vous résoudre à porter un regard sur votre tante. — J'imiterai la conduite de ma mère; je ne puis suivre un plus bel exemple. — Hé bien! dès que je serai un peu plus forte, car cette conversation m'a déjà beaucoup fatiguée, je satisferai à vos désirs.

CHAPITRE V.

GEORGE, ne pouvant supporter plus long-temps la captivité dans laquelle on le retenait à Shelter-House, fut un matin trouver sa tante pour l'engager à prier son père de lui rendre sa liberté. Cette démarche lui coûta beaucoup à faire; il avait tant de roideur dans le caractère qu'il se révoltait à la seule idée de ployer, fût-ce même avec son père. Du reste, il promit de ne point abuser de la permission qu'il aurait d'étendre ses promenades au-delà de Wels, où il avait plusieurs amis.

L'intention de M. Tilbury était de faire voyager son fils dans l'étranger. Mais, pour qu'il pût en tirer de l'avan-

tage, il pensa qu'il fallait qu'il fût en
âge de juger sainement de l'esprit
des nations qu'il visiterait ; en conséquence, il avait fixé à vingt ans son
départ de l'Angleterre. Il avait compté
le faire accompagner par Alfred
Worm, dont il n'avait eu, jusqu'alors,
qu'à se louer. Sa conduite lui parut
toujours être celle d'un honnête homme.
Son instruction, son amabilité, sa politesse, étaient généralement reconnus.
Il lui croyait de bonnes mœurs, et le
jugeait en tout digne de sa confiance.
Mais depuis le mensonge qu'il lui avait
entendu proférer avec une assurance
qui prouvait une grande habitude,
Alfred avait beaucoup perdu dans son
esprit, et avant de lui confier la conduite de George, il se proposa de
l'observer scrupuleusement ; il restait
encore dix-huit mois jusqu'au temps où
le jeune homme quitterait l'Angle-

terre : ce temps était suffisant pour confirmer ou détruire les appréhensions de son père.

Alfred fut exact et revint à Shelter-House à la fin de la semaine qui lui avait été accordée. Il rapportait un air soucieux que l'on n'avait jamais remarqué en lui. Le lendemain de son retour, miss Esther prit son bras, et ils firent une longue promenade ensemble. En rentrant, ils furent trouver M. Tilbury dans son cabinet. — Je ne vous ai pas communiqué, mon frère, dit miss Esther, le motif du petit voyage que vient de faire M. Worm, afin de vous ménager une surprise agréable. Plusieurs indices, recueillis de différens côtés, lui avaient donné l'espoir d'apprendre des nouvelles positives de notre Adolphina; il m'en fit part, ainsi que du projet de faire toutes les démarches nécessaires pour arriver à une heureuse découverte:

non seulement j'approuvai son dessein,
mais je l'engageai à ne pas perdre de
temps pour l'effectuer. Malgré la célérité qu'il a mise à se rendre au lieu qui
lui était indiqué, il y arriva trop tard :
trois jours avant, votre fille avait changé
de demeure, et ses traces étaient entièrement perdues. M. Tilbury fit beaucoup
de questions à Alfred ; il y répondit
d'une manière satisfaisante, et donna,
par son affliction, des preuves qu'il
était extrêmement peiné du peu de succès de sa démarche.

Théodosia était trop pressée d'apprendre l'histoire de sa mère, pour ne
pas sommer Douglas de remplir sa promesse ; elle le fit ainsi qu'il suit :

« N'ayant pas quitté mistress Tilbury
depuis l'âge le plus tendre, aucune circonstance de sa vie ne m'est inconnue.
Mon père, qui s'appelait Winborn,
était en même temps l'ami, l'homme

de confiance et le caissier du marchand Seckington, votre grand-père maternel. On me prit dans la maison pour être élevée avec miss Fanny Seckington, et lui servir de compagne. Nous avions à peine dix ans quand mistress Seckington mourut ; elle n'avait point eu d'autres enfans que votre mère, qui fut considérée alors comme devant être une riche héritière : le sort en décida autrement.

« Le commerce de M. Seckington avait toujours prospéré, et il se voyait à la tête d'une belle fortune, quand un négociant de sa connaissance lui persuada de se réunir à lui pour étendre son commerce. Il lui fit concevoir la possibilité de devenir extrêmement riche en peu de temps. M. Seckington abonda dans le sens de l'ambitieux, et, malgré les représentations de mon père, il vendit ses maisons de ville et de cam--

pagne, se défit à perte de toutes ses marchandises, compléta de grosses sommes, avec lesquelles il en acheta d'autres, qu'il mit sur deux vaisseaux, dont son associé et lui s'étaient rendus propriétaires. Le premier voyage fut heureux, mais au second, un vaisseau devint la proie des pirates, et le deuxième coula à fond à la suite d'un gros temps. Quand la triste nouvelle en arriva à Wells, les deux associés se suicidèrent. Mon père tarda peu à aller joindre son malheureux ami : je le perdis quelques mois après.

« Comme la dot de mistress Seckington avait été aussi sacrifiée dans cette déplorable entreprise, ma jeune maîtresse tomba du faîte de l'opulence dans l'état d'un dénûment total. Le frère de sa mère, M. Belfort, retiré du commerce, et jouissant d'une honnête aisance, se chargea volontiers de sa nièce,

et permit que je restasse avec elle.
M. Charles Belfort était le meilleur
des hommes. De l'esprit, des connaissances, et surtout une obligeance peu
commune, lui avaient mérité l'amitié
de beaucoup, et l'estime de tous. Il
aimait les arts avec idolâtrie ; cependant la peinture avait la préférence. Il
peignait assez joliment : il voulut être
le maître de sa nièce. Fanny fit de
grands progrès, et devenait de plus en
plus la favorite de son oncle.

« Miss Seckington avait la bonté de
voir en moi une amie plutôt qu'une
domestique ; cependant je lui avais de-
mandé avec instance de ne pas prendre
d'autres femmes de chambre que moi,
et elle y avait consenti avec peine.
Trouvant qu'on pouvait se contenter
d'une amie, quand surtout on était
sûr de sa sincérité, Fanny ne re-
cherchait aucune liaison intime. Pour

plaire à son oncle, elle allait avec lui
dans plusieurs maisons de Wells. Il y
avait une société qu'elle affectionnait
davantage, parce qu'elle était compo-
sée de bonnes gens. La maîtresse de la
maison était une veuve entre deux âges,
bonne personne, qu'on aimait beaucoup, parce qu'elle n'avait aucune sorte
de prétention. Fanny allait souvent
chez mistress Welldone ; quelquefois
son oncle l'accompagnait. Ce fut dans
cette maison où miss Seckington vit un
jeune homme qui arrivait d'Écosse, où
il avait été élevé ; il se nommait Henri
Storey, et appartenait à une honnête
famille, mais entièrement dénuée de
fortune. Ses parens avaient fait de grands
sacrifices pour lui donner des talens, es-
pérant que ce serait un moyen non seulement pour se tirer d'affaire, mais aussi
pour aider sa sœur et son jeune frère; mais
Henri, malgré sa bonne volonté, n'a-

vait pu qu'effleurer tous les arts d'agrémens; il peignait médiocrement, et
jouait de plusieurs instrumens aussi
médiocrement : c'en était assez pour se
rendre agréable dans la société, mais
il ne fallait pas songer à s'en faire une
ressource. Je dois convenir que si Henri
Storey avait peu réussi dans les arts, la
nature l'avait dédommagé en le favori-
sant d'une conception facile dans les
sciences les plus abstraites ; il avait fait
d'excellentes études, et ce qui mérite
d'être cité, c'est que jamais on ne vit
personne tirer moins d'orgueil de son
savoir. En historienne véridique, je ne
puis me dispenser de retourner la mé-
daille : car, en omettant cette précau-
tion, on connaîtrait peu Henri Storey.
L'inégalité était la base de son caractère. En une journée, vous le voyiez
changer dix fois d'humeur ; à une gaîté
presque folle succédait, sans gradation,

un air pensif et soucieux ; une heure après, le sourire reparaissait sur ses lèvres, et vous retrouviez l'homme agréable disposé à contribuer au plaisir de la société par une conversation amusante et instructive ; mais ce nouvel état était aussi peu durable que les précédens. Agitait-on une question douteuse, il donnait son avis : cela est permis, mais ce qui ne l'est pas, c'est de soutenir son opinion avec une opiniâtreté ennemie de la politesse : ni sexe, ni rang, ni âge, ne pouvait le faire désister de ce qu'il avait d'abord avancé. Un défaut que l'on passe rarement dans une réunion de personnes bien élevées, et que Henri se faisait gloire de posséder, c'était un éloignement antipathique pour tout ce qui pouvait avoir l'air d'un compliment flatteur. J'ai souvent pensé que c'était une espèce de système qu'il s'était fait

pour se singulariser ; car on trouve, du
móins telle est mon opinion , un si
grand plaisir à exprimer une partie de
ce qu'on sent, que celui qui s'en prive
doit avoir des idées opposées à celles
des autres. Très-capable de ces légères
prévenances, qui ne sont qu'un échange
d'attentions , et que l'on évalue beaucoup , il s'imposait avec peine la privation de ce plaisir ; on le voyait s'ar-
rêter inopinément au moment où , en
suivant son premier élan , il était près
de remplir ce qu'on appelle un devoir
de société ; il qualifiait un acte de complaisance qu'on lui demandait du nom
d'exigeance intolérable. Une autre ma-
nie qui ne contribuait pas à lui procurer l'intérêt de ses connaissances ,
c'est qu'il demandait souvent des conseils avec l'intention bien décidée de ne
les pas suivre. Je ne veux pas terminer

le portrait moral de Henri Storey, sans ajouter qu'il était loyal et sincère.

« M. Belfort goûta beaucoup Henri, et crut voir, malgré les défauts du jeune homme, qu'il méritait qu'on s'intéressât à lui. Instruit de son peu de fortune, il lui offrit de le recommander à plusieurs de ses amis pour lui procurer une place : Henri accepta avec reconnaissance. Soit discrétion ou tout autre motif, Storey se contenta de faire ses remercîmens à M. Belfort chez mistress Welldone, où ils se rencontraient souvent. Miss Seckington trouvait Henri aimable et s'amusait de ses folies, quand il était en humeur d'en faire ; mais je suis bien certaine que son cœur n'eût pris qu'une part très-légère à cette nouvelle connaissance, si son oncle, sans s'en douter, n'eût fourni un aliment trop substantiel à ce commencement d'inclination. M. Belfort engagea le jeune homme à venir chez lui voir une belle collection de tableaux. Henri, comme je vous l'ai dit, peignait un peu. Fanny, pour satisfaire son oncle, avait consenti à recevoir de ses leçons; elle en avait profité. M. Belfort invita Storey à multiplier ses visites; rien n'était plus imprudent que de mettre si souvent ensemble deux jeunes gens aimables. Fanny, qui avait beaucoup de raison, se défendait, autant que possible, d'aimer celui qui ne pouvait lui convenir : ses combats devinrent si pénibles qu'elle en tomba malade. Pendant six semaines, Henri ne vit point miss Seckington. La pauvre enfant sentit vivement cette privation, et son mal s'en accrut. Sa convalescence fut de nouveau le signal de nouvelles instances de M. Belfort à Henri, pour qu'il vînt fréquemment chez lui. L'amour ne se cache

pas à ceux qui sont intéressés à le découvrir. Storey lut dans les yeux de
Fanny qu'il ne lui était pas indifférent;
dès - lors il ne fut plus nécessaire de
l'inviter à devenir assidu. Tous les jours
il passait deux ou trois heures avec miss
Seckington, souvent en tête-à-tête.
M. Belfort qui était membre d'un club
y allait fréquemment, ne se doutant
pas qu'il pouvait y avoir du danger à
laisser ensemble sa nièce et son jeune
favori. Si j'eusse connu les sentimens
de Fanny, je ne me serais jamais ab-
sentée de la salle où se passaient les
entrevues; mais remplissant les fonc-
tions de femme de chambre, j'étais
obligée de passer beaucoup d'instans
dans la chambre à coucher de ma maîtresse.

« Mistress Welldone fut la première
à remarquer les coups d'œil des deux
amans. Comme la connaissance s'était

faîte chez elle, et qu'elle savait qu'une union entre miss Seckington et Storey ne pouvait convenir, puisqu'ils étaient l'un et l'autre sans fortune, elle pensa qu'il était de son devoir d'avertir des personnes que cela touchait de très-près. La sécurité de ces personnes l'étonna; car Fanny m'a avoué depuis que ses regards, en dépit de sa volonté, se portaient sans cesse sur Henri, qui, de son côté, quoique plus habile à se commander à lui-même, ne la perdait presque pas de vue.

« Six mois se passèrent dans cet état de choses; la mutuelle inclination s'était augmentée; le mal ne pouvait plus se guérir, à moins qu'on ne lui opposât de violens remèdes. Le bandeau qui couvrait les yeux de M. Belfoit tomba; il découvrit la vérité, et frémit. Malgré toutes ses qualités il cessa, cette fois, d'être juste, et blâma sa

nièce quand il était le seul coupable.
Henri fut accusé par lui de séduction ;
il lui défendit sa maison , et traita
Fanny avec une froide indifférence.
Ma pauvre maîtresse, au désespoir,
me confia ses peines, que je tâchai
d'adoucir par la sagesse de mes avis.
Il se présenta alors un parti fort avantageux du côté de la fortune. M. Teiltree était un marchand de Wells fort
aisé et généralement estimé, mais il
était laid et avait deux fois l'âge de
miss Seckington. Son oncle lui en
parla avec peu d'espoir qu'elle ac-
ceptât un tel époux. Quelle fut sa surprise en voyant Fanny parfaitement
disposée à lui obéir ! Il se crut obligé
de lui observer qu'elle devait faire des
réflexions avant de donner une réponse décisive à M. Teiltree. — Dans
un mois, dans dix ans, lui dit-elle,
je serai dans les mêmes dispositions ;

ainsi, mon cher oncle, voilà ma main : disposez-en en faveur de qui vous voudrez. Le mariage se fit quinze jours après.

« Henri Storey, qui avait trop de fierté pour laisser voir le chagrin dont il était dévoré, quitta Wells, et je ne pense pas que mistress Teiltree en ait jamais entendu parler depuis. »

J'aurais pu, ma chère Théodosia, passer sous silence cette partie de l'histoire de votre mère ; mais il me semble qu'elle peut vous servir d'un préservatif, si jamais vous vous trouviez dans une situation semblable. Fanny a bien senti, et elle me l'a souvent dit, qu'elle ne s'était pas conduite alors comme elle l'aurait dû : fuir le danger est le plus sûr moyen, même le seul de ne pas succomber. Du moment qu'elle s'est aperçue de la propension qu'elle avait à aimer Storey, Fanny devait éviter toutes les occasions de se rencontrer avec lui ; et si son oncle avait persisté à appeler continuellement chez lui le jeune Henri, il fallait qu'elle eût le courage de lui découvrir l'état de son cœur. Peu de personnes, pénétrées comme elle l'était de l'attachement le plus vif, auraient été assez maîtresses d'elles-mêmes pour prendre un parti, j'ose dire aussi violent que celui de lier son sort à celui d'un homme pour lequel elle ne devait éprouver d'autre sentiment que celui de l'estime. Pour prix de ce sacrifice, elle obtint le bonheur. M. Teiltree n'avait que les dehors contre lui ; le connaître et l'aimer était une même chose. J'oserais avancer qu'il possédait toutes les qualités dont le Créateur a généreusement gratifié l'espèce humaine. La raison et le devoir se sont réunis pour couvrir de fleurs le chemin que Fanny avait préféré. La mort de son oncle fut le seul chagrin qu'elle éprouva pendant la durée de son premier hymen. A sa mort, M. Teiltree laissa toute sa fortune à sa digne épouse, qui donna à sa perte des larmes bien sincères.

Au moment où Diana allait continuer l'histoire de mistress Tilbury, un domestique frappa à la porte pour dire à Théodosia que sa tante désirait lui parler. Etonnée et peu contente d'être appelée à une heure où miss Esther n'avait pas l'habitude de souhaiter sa présence, ordinairement elle consacrait aux occupations d'une ménagère depuis une heure après midi jusqu'à trois, quelquefois quatre. Elle se rendit à ses ordres avec une sorte d'inquiétude. — D'après plusieurs renseignemens, lui dit miss Tilbury, l'obligeant M. Worm a entrepris des courses extrêmement fatigantes pour avoir des nouvelles de votre sœur. Pendant quelque temps il paraît qu'il a suivi ses traces, et s'il ne s'est pas trompé, Adolphina ne voyageait pas seule. — Ces remarques, madame, sont-elles de M. Worm? — Elles sont sans doute le résultat de ses informations; je trouve, Théodosia, votre question très-peu convenable. — Elle a cela de commun avec le compte que vous a rendu M. Worm. — Au lieu de remercier Alfred de ses peines, vous avez l'injustice de mettre en doute sa véracité. Je conçois que vous aimeriez beaucoup mieux qu'on s'abstînt de toutes démarches qui pourraient peut-être conduire à des découvertes peu favorables à... — Je vous prie de m'excuser, madame, si, pour la seconde fois, je me vois forcée de vous interrompre; mais rien au monde ne pourrait m'obliger à entendre porter sur ma vertueuse sœur un jugement aussi injuste.

— Un mystère aussi singulier donne le droit de penser et de croire. — Tout, excepté ce qui est injurieux à la plus estimable des femmes. — Ainsi vous persistez, malgré l'évidence, à soutenir qu'Adolphina s'est évanouie dans la caverne. — Je répète que je l'ai vue entrer dans le souterrain, je ne sais comment, ni si elle en est ressortie; mais ce dont je suis certaine, c'est qu'elle ignorait entièrement les suites horribles qu'aurait son imprudente curiosité. — Vous convenez donc qu'elle a été imprudente? — Cette faute légère ne devait, certes, pas lui être aussi funeste. Je ne parle pas des désagrémens qu'elle m'occasione; souffrir pour l'amitié est une sorte de satisfaction qui n'est pas sentie par tout le monde. — J'espère, miss, que vous témoignerez votre reconnaissance à Alfred. — Je le ferais s'il m'avait obligée. — Vous avez dans le caractère une roideur fort blâmable. — Mille pardons si je sens que je ne dois pas me compromettre. — Le terme est bien fort. M. Worm est bien né, bien élevé, a des sentimens délicats; et de plus il est l'instituteur de votre frère. Théodosia pensa qu'ayant rempli si mal les devoirs que lui prescrivait ce dernier titre, on pouvait, sans injustice, lui refuser les qualités précédentes. Néanmoins elle ne proféra pas un mot, et demanda la permission d'aller faire sa toilette. Elle rencontra sur l'escalier George qui l'arrêta pour lui demander si effectivement Adolphina étoit partie avec un amant? — Vous ne pouvez ni ne devez le croire, et il me semble que si j'étais à votre place, je traiterais fort mal ceux qui se permettraient en ma présence une telle calomnie. — Je ne l'ai entendu dire qu'à ma tante. Me conseilleriez-vous de la traiter mal?— Du moins la prierai-je de me dispenser de l'écouter.—J'ai mieux fait, car je lui ai dit qu'il fallait être bien méchante pour faire circuler un bruit aussi injurieux à sa famille. Théodosia sourit. — En effet, votre réponse avait beaucoup de modération. — Quand il s'agit de l'honneur, je ne respecte personne ; je ne blâme pas autrement ma sœur de s'être soustraite à la tyrannie de miss Tilbury, mais elle devait s'y prendre de manière à ne pas donner prise à des soupçons défavorables.—Croyez bien, George, que ce n'est pas volontairement que notre sœur a quitté la maison paternelle. Il y a dans cet événement une si grande obscurité qu'il est impossible d'y rien comprendre, mais je connais les sentimens d'Adolphina, et je réponds sur ma tête qu'elle est parfaitement innocente.

CHAPITRE VI.

Dans la soirée, Théodosia passa deux heures avec Douglas ; elles furent employées à continuer l'histoire de mistress Tilbury.

« Quand votre père se retira du service, il vint habiter Wells. Mistress Teiltree le rencontra dans les sociétés : tous deux à la fleur de l'âge, et également pourvus d'agrémens extérieurs, se remarquèrent. Ils étaient parfaitement libres de disposer de leur sort ; ils devinrent époux. Malheureusement M. Tilbury avait une sœur, et plus malheureusement encore, il témoigna à sa femme le désir de se réunir à miss Esther. Fanny, enchantée de faire quel-

que chose qui fût agréable à son mari,
se joignit à lui pour engager votre tante
à se fixer à Shelter-House. Celle-ci,
n'ayant qu'une fortune très bornée,
accepta avec joie une proposition qui
lui assurait une existence plus heureuse. Il me fallut peu de temps pour
juger miss Tilbury, qui, au reste, ne
prit aucune peine pour dissimuler son
affreux caractère à sa belle-sœur et à
moi : il est vrai que nous étions les
seules qu'elle ne cherchait pas à tromper ; tous les autres, à commencer par
son frère, la croyaient douée de mille
qualités aimables. Je suis encore à concevoir comment il est possible de pouvoir en imposer si long-temps et à tant
de personnes.

«Votre respectable mère étant l'exact
opposé de miss Esther, la jalousie fut
le sentiment qu'éprouva cette dernière,
dès les premiers jours de son séjour à

Shelter-House. La vertu, les grâces,
les talens, et surtout les vertus que possédait votre digne mère excitaient l'envie et la haine dans le cœur de sa belle-
sœur. Fanny était estimée et aimée de
toutes les personnes qui la connaissaient ; on le lui témoignait en sa présence par ces petits soins, ces attentions
qui prouvent le dévouement sans affec-
tation. En son absence, chacun s'empressait de donner des éloges à toutes
ses qualités, et jamais les perfides *si* et
mais ne cherchaient à affaiblir les sentimens flatteurs qu'on lui portait. La
seule Esther gardait ordinairement le
silence, à moins que son frère ne l'in-
terpellât pour affirmer l'assertion qu'il
avançait ; car, ma chère enfant, votre
père connaissait la valeur inappréciable
de sa femme, et ne se refusait pas le
plaisir de joindre sa voix à celle de
tous pour rendre justice à mon ado-

rable maîtresse : forcée alors d'abon-
der dans le sens de celui de qui elle
tenait tout son bien-être, elle cachait
son dépit sous le masque de l'exagéra-
tion. Plusieurs fois je fus présente à ces
scènes, et ne pus concevoir comment
les autres ne lisaient pas dans son regard oblique, et la contraction de ses
lèvres, la fausseté et la noirceur de son
âme. Combien mistress Tilbury déplorait ce que sa modestie lui faisait nom-
mer l'indulgence de ses amis, quand,
en se retirant dans sa chambre, elle y
trouvait sa belle-sœur! Cette dernière
visite était un raffinement de cruauté.
Je dormirais mal, disait cette méchante femme à son frère, si je me
retirais sans avoir vu coucher ma chère
Fanny, et sans m'être assurée qu'elle se
sent des dispositions au repos. Hélas!
ce moment était employé à lui adresser
les choses les plus désobligeantes. Le

monstre osait lui reprocher la mésal-
liance de M. Tilbury. Notre noble
famille, disait-elle, a perdu tout son
lustre en se confondant avec celle de
gens faits pour végéter dans le comptoir
d'une boutique. C'est à ce mariage
honteux que je dois le délaissement
où je suis. Qui voudrait devenir le
beau-frère d'une chétive marchande?
Une seule fois, ma maîtresse osa lui
dire qu'elle devrait ménager davantage
celle qui avait procuré à son frère les
moyens de pouvoir la faire jouir des
aisances de la vie. Ces paroles, que
vous trouverez sûrement très-modé-
rées, firent cependant un effet terrible
sur Esther ; elles la transformèrent en
une furie ; elle se leva, en menaçant la
douce Fanny avec son poing ; je frémis, et, dans la crainte qu'elle ne se
portât à des voies de fait, je m'avançai
précipitamment, et saisis le bras de

miss Tilbury : je devins alors l'objet direct de ses invectives. Apprenez, me dit-elle, qu'une créature de votre espèce ne doit, sous aucun rapport, porter sa main sur moi. Gardez-vous de vous oublier désormais jusque-là. Songez bien que vous, et celle que je rougis d'appeler ma parente, êtes entièrement sous ma dépendance. Si jamais vous aviez l'audace de vous plaindre à mon frère, j'ai cent moyens pour vous en faire repentir. Richard à toute confiance en moi ; il sait que je suis incapable de lui en imposer ; il connaît la pureté de mes principes, et mon intacte vertu. Si je lui disais, votre femme est une malheureuse qui vous trompe, j'ai acquis la certitude qu'elle vous est infidèle, il ne chercherait pas une confirmation étrangère, et s'éloignerait de vous sans permettre à votre justification d'arriver

jusqu'à lui. — Hélas ! s'écria votre infortunée mère, dès que l'infernale furie
se fut retirée, elle a choisi le meilleur
moyen pour me réduire au silence ;
soyez bien sûre, ô la plus perverse
des femmes, que je souffrirai toutes
vos cruautés avec une douloureuse résignation. Cher Richard, je te fais ce
sacrifice ; je te ferais de même celui de
ma vie, s'il pouvait assurer ton repos.

« Presque tous les jours virent se
renouveler des scènes du même genre.
Il était rare que je n'en fusse pas témoin ; il semblait que ma présence
donnait à ma maîtresse plus de courage pour les supporter. Plusieurs fois,
ne pouvant maîtriser mon indignation,
j'avais élevé la voix, et menacé de découvrir l'horrible vérité. — Vous le
pouvez ; mais n'espérez pas en tirer
aucun avantage. J'ai contre vous des
moyens qui paralyseront tous vos rap-

ports. La bonne Fanny me priait de me posséder. — Imite-moi, ma chère Douglas ; je souffre beaucoup, mais mon Richard n'éprouve ni peine ni inquiétude ; je ne puis me plaindre de mon sort.

«Dans les commencemens du mariage de mistress Tilbury, un ci-devant camarade de son mari, à la prière de ce dernier, vint passer trois mois à Shelter-House : c'était un homme de vingt-neuf ans, fort beau, et parfaitement bien fait. Miss Tilbury crut trouver en lui le mari qu'elle cherchait en vain depuis long-temps, et elle mit tout en usage pour captiver l'attention du capitaine Devis. La pauvre fille éprouva l'affreuse mortification de n'obtenir que les égards que toutes femmes ont droit d'attendre d'un homme naturellement poli. Une jeune et jolie personne du voisinage avait inspiré et partageait les

sentimens tendres du capitaine. Alithea
Patcham était orpheline ; son père lui
avait laissé une grande fortune, mais
elle n'en pouvait jouir qu'à sa majorité.
Jusque-là, elle devait vivre sous l'entière dépendance d'un parent de sa
mère, morte bien long-temps avant son
mari. Ce parent, qui se nommait Newman, avait le droit de s'opposer à toute
union que voudrait contracter sa pupille, s'il ne la jugeait pas convenable.
Newman était alors un homme de trente-
six ans; il eût été bien, si les traits de
son visage n'eussent eu une expression
de rudesse. Malgré ses efforts, on lisait
dans ses yeux une teinte de méchanceté qui éloignait tout le monde de lui.
Alithea avait douze ans quand Newman
devint son tuteur. Dès ce premier instant, il projeta de s'approprier la femme
et la dot; mais ce calcul ne fut pas celui
de miss Patcham; elle commença par

le craindre, et bientôt le sentiment de la haine s'y joignit. Avec quelle impatience Alithea attendait l'instant de sa majorité pour secouer un joug qui devenait chaque jour plus insupportable; car son tuteur s'était clairement expliqué sur ses intentions, et malgré la répugnance que miss Patcham ne prenait pas la peine de lui cacher, il persistait avec une obstination si peu délicate et si publique, qu'il s'était attiré le blâme général. »

Vous pensez peut-être, ma chère Théodosia, que cet épisode est au moins inutile au fil de l'histoire de votre mère; mais il était indispensable que j'entrasse dans des détails qui vous donneront une connaissance parfaite de l'atroce méchanceté de votre tante. Après cette courte interruption, Diana Douglas continua :

« Le capitaine Devis était depuis

deux mois à Shelter-House, et les aga-
ceries de miss Tilbury n'avaient pas
encore fixé son attention. Aimant à se
persuader que la retenue du jeune
homme était une suite de sa timidité
ou de la crainte de lui déplaire, elle
voulut faire cesser une gêne qui, suivant elle, devait faire souffrir l'intéressant jeune homme ; en conséquence,
elle lui écrivit d'une manière assez
claire pour ne laisser aucune incertitude. Devis, honteux d'une pareille
conquête, et désirant ne rien conserver qui la lui rappelât, rendit à Esther
la lettre qu'il en avait reçue. Sa rougeur, en lui glissant le papier dans la
main, dut lui apprendre qu'ils avaient
mutuellement changé de rôle. En re-
cevant la lettre, miss Tilbury se retira
promptement dans sa chambre, espé-
rant que ce qu'elle croyait être une réponse mettrait le comble à sa félicité ;

elle l'ouvre avec précipitation : vous jugerez quelle dut être sa rage en lisant ce que je vais vous dire.

« Oh ! la plus belle et la plus aimée des femmes ! êtes-vous donc décidée à ne pas abréger le temps de mon supplice ? Au nom de mon amour, dont vous avez daigné me permettre de vous assurer, ne me condamnez pas à vous savoir sous la puissance d'un homme que vous haïssez autant que vous le méprisez : ce misérable a des droits sur vous ; pourrez - vous vous soustraire à sa volonté ? Si vous y cédiez..... ah ! mon amie, ce serait l'arrêt de sa mort, et celui de la mienne. Femme adorée ! si je vous suis cher, et si, comme vous me l'avez fait espérer, vous êtes décidée à vous donner entièrement à moi, qui empêche que vous ne quittiez votre tyran, poursuivre l'amant le plus tendre et le plus

soumis ? Dites un mot, et les préparatifs seront bientôt faits : je ne demande
que vingt-quatre heures, après votre
consentement, pour nous mettre à l'a-
bri de toutes les poursuites. J'attends
votre réponse, chère Alithéa, avec
crainte et espérance ; votre William,
à genoux, les mains jointes, vous supplie de ne pas rejeter ses prières.

W. Devis.

« Connaissant le caractère emporté
de miss Tilbury, on peut facilement se
faire une idée de sa fureur, en apprenant qu'elle avait une rivale, et que
cette rivale était une jeune, belle et
riche personne. Après s'être un peu
calmée, elle revint dans le salon ; le
capitaine, ignorant encore la terrible
méprise qu'il avait faite, et voulant lui
épargner l'embarras que devait lui ins-
pirer sa présence, se disposait à sortir :

Miss Tilbury l'appela. — Pardon, capitaine, si je vous arrête un moment; mais connaissant votre obligeance, j'ai pensé que vous ne refuseriez pas de me rendre le service d'être le porteur d'un billet d'invitation pour M. Newman et son aimable pupile. C'est lundi l'anniversaire de la naissance de mon frère; plusieurs de nos voisins sont déja priés. Je comptais aller moi-même à l'Ermitage; mais étant obligée de donner mes soins aux préparatifs de la fête, il m'est impossible de m'absenter. Devis fit un salut en forme d'assentiment, et reprit son siége. Au bout de dix minutes Esther rentra, tenant un papier à la main, qu'elle remit au capitaine. En ce moment, votre mère avait les yeux fixés sur sa belle-sœur; elle m'a dit, depuis, que le regard de cette dernière avait une expression de colère qui lui inspira une sorte d'effroi. Devis donna l'ordre à son domestique de lui préparer un cheval. A l'instant de partir, votre tante lui cria par la fenêtre : — Je vous prie, monsieur Devis, jetez un coup d'œil sur mon billet, et voyez si je ne me suis pas trompée ; il serait possible que je vous eusse donné l'invitation d'autres personnes. Et, sans attendre le résultat de l'examen, miss Tilbury ferma la fenêtre, et vint se placer sur un sofa, à côté de son frère qui lisait. »

Comme je tiens le récit suivant de M. Devis, vous pouvez le croire exact.

« Pour satisfaire à l'injonction d'Esther, le capitaine tira le billet de sa poche, et, tout en continuant sa route, il le porta sous ses yeux. Il contenait ce peu de lignes.

« Par une erreur que je bénis, je suis en possession de votre secret ; l'usage

que j'en ferai dépend entièrement de
vous ; cessez toute liaison avec une
femme que j'abhorre, ou je divulgue
une intrigue qui perdra Alithea de réputation, et vous donnera celle d'un
suborneur. Je ne vous demande pas
de changer subitement vos affections ;
mais j'exige que vous prolongiez votre
séjour à Shelter-House. Je ne doute pas
qu'en me connaissant davantage, vous
ne puissiez mieux apprécier les qualités recommandables de celle qui a
pour vous l'attachement le plus tendre
et le plus sincère.

« Le premier mouvement du capitaine fut de chercher la lettre qu'il devait remettre à Alithea ; que devint-il,
en trouvant celle qu'il avait reçue de
miss Tilbury, et qu'il avait cru lui rendre. Se livrer à la douleur n'aurait
servi de rien ; Devis met son cheval
au galop ; il arrive, tout couvert de

sueur, à l'Ermitage. M. Newman était
allé chez un voisin; et miss Patcham se
promenait dans les jardins. Le Ciel me
favorise, se dit-il, et il vole au-devant
de son amie. Sans préambule, il lui
fait part de ce qui vient d'arriver, et
lui montre la lettre et le billet d'Esther. — Si nous ne prévenons notre
ennemie, lui dit-il, les plus affreux
chagrins nous attendent. Newman me
fermera sa porte; je ne pourrai plus
vous voir; et qui sait à quelle extré-
mité peut se porter un homme amoureux, intéressé et méchant, aidé surtout par une femme sans principes ?
Nous n'avons, mon adorable Alithea,
qu'un seul moyen d'éviter les maux
que je prévois : consentez à m'accompagner en Ecosse. — Que me propo-
sez-vous ? Et si, en me poursuivant,
vous étiez arrêté, les monstres vous ac-
cuseraient de rapt, et j'aurais causé

votre perte. — Ne craignez rien ; je prendrai si bien mes précautions, qu'ils ne pourront nous atteindre ; consentez seulement, et je suis certain du succès. — Si Newman était mon père, même s'il n'abusait du pouvoir qui lui a été donné, jamais je ne voudrais me soustraire à une autorité respectable ; mais les vues de mon parent sont trop atroces, pour que je me fasse aucun scrupule de quitter sa maison. Cependant je ne veux pas qu'on dise que j'ai fui avec un amant ; trouvez un asile honnête et sûr, où je pourrai attendre tranquillement, et ignorée, l'instant de ma majorité, et j'accepte, avec reconnaissance, vos bons offices. Tout en approuvant la conduite de la jeune personne, Devis s'efforça de lui faire adopter son projet ; mais elle persista, et le capitaine la quitta pour aller tout disposer. Ce fut à moi qu'il s'adressa pour découvrir un endroit caché, où pourrait se retirer miss Patcham. Flattée de sa confiance, je lui proposai de porter une lettre de moi à la fille d'un ancien ami de mon père, qui habitait Bristol. J'ignorais si elle était mariée; mais, dans tous les cas, je ne doutai pas qu'elle ne se fît un plaisir d'obliger quelqu'un à qui je prenais intérêt. Ma lettre écrite, le capitaine se mit en route : la distance n'étant que de seize à dix-huit milles, il fut de retour lel endemain matin. Il me remercia cent fois du service que je lui avais rendu. Le père de mon amie ne vivait plus ; elle avait épousé un homme aisé, qui était mort depuis deux ans. Veuve, et parfaitement libre, il lui était facile de recevoir miss Patcham. Cette retraite était d'autant plus précieuse que, vivant très – retirée, mistress Heartfields n'était nullement en butte à la curiosité des oisifs. Elle occupait une jolie petite maison dans le quartier le moins habité ; une seule femme composait son domestique ; et son petit jardin était presqu'entièrement soigné par elle. Trois jours après Alithea Patcham quitta l'Ermitage pendant la nuit. Afin que les soupçons ne pussent tomber sur le capitaine, après avoir mis son amie dans une chaise, qu'il fit accompagner par un homme, sur l'honneur duquel il pouvait compter, il vint se recoucher, sans que personne se fût aperçu de son absence nocturne.

« Vous concevez facilement, Théodosia, l'effet terrible que causa la disparition d'Alithea ; chacun se perdait dans des conjectures plus ou moins vraisemblables. Je crois que miss Tilbury et M. Newman ne prirent point le change sur le motif d'un départ aussi extraordinaire. Le temps fixé pour ce-

lui de M. Dervis approchait ; l'humeur
d'Esther s'augmentait, mais seulement
dans ses entrevues avec votre mère, car
son hypocrisie ne l'abandonnait jamais
en présence d'un tiers.

« Depuis la méprise qui avait occasioné un si grand changement dans
la maison de M. Newman, il n'avait
pas été question, entre le capitaine et
Esther, de leur singulière correspon-
dance. La veille du jour où M. Devis
devait quitter Shelter-House, miss Tilbury le fit prier de la joindre au jardin.
Il me rencontra dans le vestibule, et
me dit en souriant : — Je crois que
l'heure de l'explication est arrivée.
Voici comme se passa l'entrevue : —
C'est décidément demain que vous
nous quittez, capitaine ? — Oui, madame. — En ce cas, j'espère que vous
ne ferez aucune difficulté de me rendre mon billet et ma lettre. — Rien

n'est plus juste ; en me remettant l'é-
crit que vous avez à moi, vous rece-
vrez les deux vôtres. — Voulez-vous
parler de ce brouillon que vous adres-
siez à cette folle qui s'est déshonorée
par sa mauvaise conduite ? — Si vous
n'étiez la sœur d'un homme que je révère, je vous ferais repentir des ter-
mes injurieux dont vous osez vous servir, en parlant de la personne la plus
digne de respect et d'estime. — Vous
ne m'apprenez rien de nouveau par la
véhémence que vous mettez à défendre cette fille. Revenons, je vous prie,
à l'objet qui m'intéresse : rendez-moi
mes deux papiers ; il ne doit pas vous
en coûter pour vous en défaire. — Sur
mon honneur, j'y tiens si peu, que je
les aurais brûlés, s'ils n'avaient été un
otage pour rentrer en possession de ma
lettre. — Votre lettre a été déchirée

dès que j'ai vu qu'elle n'était pas pour moi. — Il eût été plus délicat de la déchirer avant de la lire. Au reste, madame, vos papiers ne vous rentreront qu'en échange. — Ce procédé est outrageant. — Il est une juste représaille du vôtre. Cependant il est un moyen de tout concilier ; remettons respectivement nos lettres à Tilbury : il se chargera de nous mettre d'accord. À cette proposition, Esther pâlit. — Vous êtes un monstre que j'abhorre ; je vous ordonne de vous retirer : votre vue m'est odieuse. Le capitaine, en souriant, fit un profond salut, et se retira. Quand il me rendit compte de cette scène, je frémis. Hélas ! pensai-je, ma pauvre maîtresse en sera plus malheureuse encore.

Il a y long-temps que je parle, ma chère Théodosia ; je me sens trop fatiguée pour pouvoir continuer : demain vous apprendrez que mon opinion était fondée sur des preuves incontesta-bles.

CHAPITRE VII.

« Une légère incommodité ayant retenu miss Tilbury dans son appartement, Alfred lui fit constamment compagnie. George, ayant obtenu la permission de lever ses arrêts, profita de sa liberté avec discrétion, c'est-à-dire qu'il rentrait toujours pour dîner et ne ressortait plus. Ne sachant comment tuer le temps, il passait toutes les soirées à jouer avec le concierge : heureusement cet homme n'avait aucun des défauts de ses semblables, et souvent même il osait donner à George des conseils qu'il ne s'empressait pas toujours de suivre, mais du moins qu'il recevait sans humeur.

« Depuis la disparition de sa fille,
M. Tilbury se plaisait dans la solitude.
La société de sa sœur était peu capable
de le distraire, puisqu'elle ne pouvait
s'empêcher de jeter des doutes injurieux sur le fatal événement qui pesait
sur son cœur. En sortant de table, il
faisait une courte promenade avec
Théodosia, puis se retirait dans sa
chambre. Persuadée que sa présence
n'était nullement agréable à sa tante,
Théodosia ne troublait point les con-
versations entre miss Tilbury et Worm;
elle allait trouver la bonne Diana, dont
la convalescence se prolongeait par l'inquiétude qui la tourmentait. Théodosia
désirait trop d'apprendre tout ce qui
concernait sa mère pour ne pas solliciter de Douglas la continuation de
l'histoire qu'elle avait commencée. La
porte fermée, et presque sûre de n'être
pas interrompue, l'honnête gouver-

I.
9

nante reprit son récit où elle l'avait quitté la veille.

« Ainsi que je l'avais prévu, l'humeur d'Esther se déchargea entièrement sur sa belle-sœur. La patience de ma chère maîtresse et sa douceur, en excitant de plus en plus mon admiration, ajoutaient chaque jour un motif de plus dans mon esprit pour maudire la plus méchante des femmes. Combien il me fallait faire d'efforts sur moi-même, pour ne pas repousser les injures de miss Tilbury par des apostrophes aussi vraies que peu flatteuses ! Mais votre mère neutralisait mes moyens de défense par les plus instantes prières de garder le silence. Néanmoins ma bonne et douce maîtresse, poussée trop à bout, essaya une fois de secouer le joug odieux qu'on ne cessait d'appesantir sur elle ; irritée par les propos les plus affreux, elle prononça à demi-voix l'espèce de menace de se mettre, par le récit de ses souffrances, sous la protection de son mari. A ces mots, la colère, le dépit, et toutes les passions les plus violentes s'emparèrent d'Esther ; elle se leva avec impétuosité, et s'approcha de sa victime. Sans me donner le temps d'examiner jusqu'où la forcenée pousserait sa malveillance, je me précipitai devant votre mère ; Esther fit un pas en arrière, et me toisa de l'air le plus méprisant. — Viles créatures, vous osez m'adresser des menaces! Que ce soit la première et la dernière fois de votre vie. J'ai là, ajouta-t-elle, le moyen de vous pulvériser (elle tenait à la main un porte-feuille, d'où elle tira une lettre, et dont elle fit la lecture); vous savez son contenu, Théodosia : c'était celle que le capitaine Devis écrivait à miss Patcham, et qu'il avait donnée à Esther, croyant lui rendre la sienne. La construction de cet écrit pouvait induire en erreur ceux qui ignoraient la circonstance qui l'avait dictée ; et il pouvait être adressé à votre mère tout comme à miss Patcham ; le nom seul d'Alithea faisait cesser les doutes.—Cette lettre, dis-je, est pour miss Patcham. — Je vous dis, moi, qu'elle est pour votre maîtresse, et qu'il m'est aisé de l'accuser d'adultère. — Grand Dieu ! s'écria mistress Tilbury, seriez-vous donc capable d'une telle atrocité ? — Je suis capable de tout, si vous avez l'audace d'élever la voix. Je pris la parole. — J'ai connaissance, dis-je, de cette lettre ; le nom d'Alithea y est répété plusieurs fois. — Vous vous trompez, on n'y trouve que celui de Fanny. — Impossible, dit votre mère ; jamais Devis ne m'a écrit ; et s'il l'eût fait, ce n'eût pas été dans un pareil style. — Jugez vous-même, reprit la méchante femme,

en présentant sous les yeux de ma maîtresse la fatale lettre. Le nom d'Alitlica
avait été entièrement effacé, et celui
de Fanny s'y trouvait adroitement subs-
titué. Tandis que je m'avançai précipitamment pour arracher le papier des
mains d'Esther, et l'anéantir, mistress
Tilbury jeta un faible cri qui, attirant
mon attention, changea mon idée. Ou-
bliant la fatale lettre, je retins Fanny
dans mes bras : l'infortunée perdait
connaissance, et sans mon secours,
elle serait tombée à terre. En un instant je fus couverte de son sang ; la révolution qu'elle venait d'éprouver était
si forte, qu'elle s'était rompue une veine
dans la poitrine ; je jetais des cris en
appelant du secours.—Faites attention,
me dit le monstre, avec un effroyable
sang-froid, et me montrant la lettre,
que voilà ce qui détruirait tous vos rap-
ports. — Voyez, dis-je en pleurant,

l'état où vous avez mis la plus adorable des femmes ! Ne connaissez-vous donc pas la pitié ? L'arrivée de plusieurs domestiques l'empêcha de me répondre. L'accident donna des inquiétudes pour la santé de mistress Tilbury ; mais personne ne soupçonna ce qui l'avait occasioné.

« A la naissance de chacun des enfans de son frère, l'humeur d'Esther éprouvait un accroissement d'aigreur; cependant elle s'était abstenue d'approcher de sa victime lors de ses deux premières couches ; d'ailleurs elle se serait gardé de rien dire, devant des témoins, qui pût faire soupçonner sa méchanceté. Ma maîtresse, adorée de tous ses domestiques, avait toujours au moins deux femmes, sans me compter, pour la garder jour et nuit : ces tendres soins, dus à l'attachement, l'auraient sûrement préservée quand vous vîntes au monde; mais il arriva ce que personne ne pouvait prévoir. Votre mère, se sentant plus fatiguée de son état qu'à l'ordinaire,, refusa d'accompagner son mari à un grand dîner que donnait my-lord Woodbrige, dont la terre, comme vous le savez, est à huit milles d'ici. Miss-Tilbury, sous prétexte de tenir compagnie à sa belle-sœur, voulut res-ter à Shelter-House. Se trouvant seule avec l'objet de son antipathie, elle ne laissa pas échapper une occasion aussi favorable de la tourmenter. Sans doute la misérable avait calculé que, vu l'état de Fanny, une scène pourrait lui de-venir funeste. Je n'étais pas présente, et ne puis que présumer les excès aux-quels se porta Esther. Un des gens vint me chercher dans ma chambre. — Ac-courez, miss-Douglas, me dit-il; il me semble que les choses se sont pas comme elles devraient être. Notre maîtresse est

avec miss Tilbury dans le salon ; il m'a
semblé entendre une dispute assez vive ;
cependant la voix de mistress Tilbury
s'élevait rarement : tout à coup il s'est
fait beaucoup de mouvemens ; il paraissait que l'on dérangeait des meubles
avec vivacité. Un grand silence a suc-
cédé, et j'ai cru distinguer quelques
gémissemens. — Il fallait donc entrer
pour porter du secours à votre maîtresse, dis-je, en courant vers le lieu
de la scène. — Je n'ai pas osé ; miss Esther m'a déjà grondée pour avoir inter-
rompu un jour sa conversation avec le
capitaine Devis, et m'a menacée de me
faire renvoyer. En me faisant cette réponse, John me suivait ; il s'arrêta à la
porte. J'entrai seule ; je trouvai votre
mère étendue sur une chaise longue, et
paraissant souffrir beaucoup. —Diana,
me dit-elle, faites venir des secours. Je
jetai un regard scrutateur sur Esther. —

Vous n'êtes point étrangère à ce malheur, lui dis-je ; l'instant n'était pas arrivé, votre cruauté l'a devancé. Je sortis pour ordonner à John d'aller chercher la sage-femme, et d'aller ensuite avertir M. Tilbury, afin qu'il hâtât son retour. En rentrant, je vis l'abominable créature présenter, sous les yeux de sa belle-sœur, la fatale lettre de Devis. — Dites un mot, et j'en donne connaissance à mon frère. Ne pouvant me modérer, je la pris par le bras, et l'entraînai jusqu'à la porte, que je fermai sur elle. — Je suis bien mal, chère Diana : priez le ciel qu'il n'y ait qu'une victime de sacrifiée. Au nom de l'amitié que j'ai toujours eue pour vous, n'oubliez jamais la promesse que vous m'avez faite, de servir de seconde mère aux innocentes créatures qui seront bientôt en butte à la haine de mon implacable ennemie. Je répétai le serment de consacrer tous les instans de ma vie à veiller à la conservation de ceux qui, après elle, avaient des droits à mon entier dévouement. J'allai demander une explication de l'horrible scène qui avait eu un si terrible résultat, quand l'infortunée perdit connaissance. Je tirai violemment le cordon de la sonnette. Esther se présenta avec un air d'empressement. — Retirez-vous, monstre épouvantable, m'écriai-je, en joignant à mes paroles un signe très-expressif. Pour la première fois de sa vie, elle surmonta sa colère, et d'un ton calme, elle me dit : — J'excuse ce premier mouvement, mais malheur à vous s'il se répète jamais. En s'en allant, elle se montra pénétrée de tristesse aux yeux des domestiques.

« Votre père arriva presqu'en même temps que la sage-femme ; vous vîntes au monde ; mais l'épuisement de ma chère maîtresse laissa peu d'espoir de la sauver. D'une voix faible, elle demanda qu'on vous remît dans ses bras, et l'infortunée expira en vous donnant le premier baiser. Je n'essaierai pas de vous peindre le désespoir de M. Tilbury, le mien, celui de tous les domestiques : on n'entendait que pleurer et gémir. Esther se montra très affligée, et observa dans cette circonstance un maintien décent et une conduite convenable. A compter de ce jour, elle se mit à la tête de la maison ; Cela était naturel ; personne ne s'en plaignit.

La jalousie de miss Tilbury n'ayant plus d'aliment, parut n'avoir laissé aucune trace de son existence passée. Du moins le pensais-je ainsi : helas ! c'était une erreur.

« Tant que les enfans de son frère furent dans le bas âge, on n'eut pas à se plaindre de ses soins. Elle n'avait certes pas la tendresse d'une mère, mais on lui voyait la surveillance d'une bonne parente. De nouveaux sentimens ont réveillé en elle l'odieuse perversité dont son âme est imprégnée. Vous et votre sœur, en grandissant, lui avez offert l'image vivante de celle qu'elle avait détestée. Adolphina surtout, étant celle qui ressemble le plus à sa mère, lui inspira plus d'éloignement. D'autres raisons se joignirent à celle-là... Vous avez journellement des preuves du désir qu'elle aurait de noircir la réputation de votre sœur. Voilà, ma chère enfant, quelle est la femme dont je vous engage à vous défier. — Quelles sont les nouvelles raisons qui, à ce que vous croyez, ont accru la haine de ma tante ? — Les méchans s'en créent pour justifier leur injustice. Théodosia, quoique persuadée qu'il

restait à Diana une arrière-pensée,
n'insista pas pour la faire expliquer.

Ce que Théodosia venait d'apprendre sur le compte de sa tante, la sur-
prit moins qu'elle ne s'en indigna.
Depuis qu'elle avoit été en âge de
raisonner, elle avait démêlé dans le
caractère de miss Tilbury un système
épouvantable d'hypocrisie dont elle
usait avec la plus perfide adresse pour
en imposer au vulgaire. On l'aimait
peu; mais elle était généralement estimée. La crainte d'en trop dire, ou
plutôt le respect que les deux sœurs
avaient pour leur père, les avaient
empêché de s'appesantir sur les défauts
d'une parente aussi proche. Néanmoins
leur silence ne prouvait rien en faveur
de miss Tilbury. Accoutumées à être
ensemble, sans le secours des paroles,
elles se communiquaient mutuellement
leurs plus secrètes pensées. Aussi je ne

crains pas d'assurer qu'Adolphina et
Théodosia savaient parfaitement l'opinion qu'elles avaient conçue l'une et
l'autre de la redoutable Esther, sans
qu'une plainte ou un murmure sortît
jamais de leur bouche.

On se doute bien que l'indifférence
que portait Théodosia à sa tante dût
nécessairement se changer en un sentiment extrêmement pénible pour celui
qui l'éprouve, depuis qu'elle avait acquis la certitude que la mort de sa mère
était une suite des procédés affreux de
cette méchante femme. Il était difficile qu'une personne aussi franche pût
assez bien dissimuler, pour que l'on ne
démêlât pas dans ses regards, ses paroles, même dans son silence, la grande
différence qui se trouvait dans sa manière d'être actuelle. Avec quelques
efforts il est peut-être possible de cacher la haine, mais le mépris perce

malgré soi ; tout le décèle. Miss Tilbury remarqua fort bien que sa nièce
n'était plus la même ; elle désirait et
craignait de connaître le motif d'un
changement aussi subit. Se croyant
bien sûre, d'après ses menaces, que
jamais Diana n'oserait divulguer sa
conduite avec sa belle-sœur, elle ne
porta nullement ses idées de ce côté.
Cependant il était clair que Théodosia
avait fait des découvertes qui lui étaient
peu favorables. Ne pouvant communi-
quer ses soupçons qu'à celui qui avait sa
confiance, ce fut Alfred qu'elle chargea de tâcher de surprendre le secret
de sa nièce. Certes, elle ne pouvait pas
s'adresser plus mal. Les propres observations de Théodosia lui avaient mon-
trés dans le précepteur de son frère,
l'être le plus vil; et, quoique Diana ne
l'eût point mentionné dans son récit,
elle était très persuadée qu'au moment

présent elle le croyait digne d'être le confident de sa tante.

Worm chercha l'occasion de rencontrer la jeune personne sans témoin. Il la trouva sans peine; il était de si peu d'importance pour elle, qu'elle ne faisait aucune attention à ses démarches. Quelques questions faites avec un air d'intérêt ne produisirent que des réponses insignifiantes. Voulant enfin atteindre le but, il parla de son changement avec miss Tilbury, et sollicita la faveur d'en apprendre la raison. — S'il devait y avoir, dit-elle, un intermédiaire entre mes parens et moi, ce ne serait pas sur vous, monsieur, que tomberait mon choix. — Ceci, madame, étant une personnalité, j'ai peut-être le droit de vous demander quelle action de ma vie a pu me la mériter? — Je ne vous connais aucun droit qui puisse vous autoriser à m'in-

terroger. Un léger salut termina l'entretien. — Malheur à ceux qui osent
me braver ! murmura Worm, en suivant Théodosia des yeux.

CHAPITRE VIII.

Une lettre qu'Alfred reçut de Londres, nécessita son départ de Shelter-House. Il dit qu'elle était écrite par le domestique du frère de sa mère, le seul proche parent qui lui restât. On lui marquait que son oncle, malade depuis deux mois, venait d'être condamné par les médecins, et que le moribond désirait ardemment de le voir avant de mourir. Il ne pouvait, sous aucun rapport, éluder un voyage qui devait améliorer son sort : d'ailleurs, en ne se rendant pas aux vœux de son oncle, il lui aurait prouvé peu d'attachement, et aurait mérité qu'il le déshéritât. Il fallait des motifs aussi impérieux pour le décider à s'éloigner, pour un mois ou six semaines, d'une maison qui renfermait les personnes auxquelles il était attaché pour la vie. Miss Tilbury reçut avec chagrin la communication de la lettre : néanmoins elle fut satisfaite des sentimens tendres et délicats que lui témoignait Alfred.—Peut-être, lui dit-elle, mon frère désapprouvera-t-il votre départ, puisqu'il laisse George sans guide. Worm était bien certain d'obtenir la permission du père : quant au fils, depuis quelque temps il semblait qu'ils avaient changé de rôles. Le jeune homme faisait continuellement ses volontés, et souvent même il prétendait obliger son précepteur à les suivre. Alfred ne rencontra aucun obstacle. Il fit ses adieux à tous en général, et à Esther en particulier : sans doute elle le chargea de ses commissions, et il se mit en route.

Durant son absence il ne se passa aucun évènement remarquable. M. Tilbury continuait à vivre très-solitairement ; sa sœur fut un peu plus maussade qu'à l'ordinaire. Théodosia passait presque toutes ses journées avec sa gouvernante qui avait entièrement recouvré la santé : et George, pour remplir sa promesse, ne sortait que le matin. A son retour, quand Alfred mit pied à terre, l'idée générale fut qu'il avait été déshérité. On s'attendait à lui voir un air de triomphe, et on ne put lire sur ses traits que l'expression du chagrin. Il se rendit d'abord dans le cabinet de M. Tilbury, à qui il apprit que son oncle était entièrement rétabli. — Je me plais à croire, dit-il avec un sourire forcé, que ma présence a opéré cette espèce de miracle. La joie lui causa une favorable révolution, et quand je l'ai quitté, il se trouvait parfaitement bien. M. Tilbury le félicita avec le ton froid qu'il avait toujours conservé depuis le mensonge qu'Alfred avait osé se permettre. Worm se hâta de terminer un entretien qui n'avait rien d'agréable pour lui, et de suite il se présenta chez miss Tilbury. On présume qu'il en fut bien accueilli, et qu'il lui fit la relation entière de son voyage, car cette visite dura jusqu'à l'heure du dîner. En se rendant dans la salle à manger, Alfred remarqua que son absence n'avait rien changé aux habitudes de chacun. Théodosia avait toujours l'air dédaigneux, M. Tilbury pensif, et George évaporé.

La semaine qui suivit le retour de Worm, apporta des changemens auxquels personne ne s'attendait.

A l'issue du dîner, miss Esther était dans l'usage de se faire faire la lecture pendant une demi-heure : c'était presque toujours Alfred qui était le lecteur, et, à la vérité, il s'en acquittait fort bien. Durant son absence, Théodosia prit sa place. Quelquefois George se chargeait de remplir cette tâche; mais il le faisait avec tant de mauvaise grâce, que souvent sa tante l'en dispensait. Peu de jours après le retour de Worm, au moment où il prenait un livre, il éprouva un étourdissement qui l'obligea de s'asseoir : il porta la main à son front, et demanda la permission de sortir un instant. Soit inquiétude pour la santé d'Alfred, ou mécontentement d'être privée de son délassement accoutumé, Esther eut beaucoup d'humeur. Théodosia étant très-enrhumée, était dans l'impossibilité de lire. M. Tilbury se proposa, et fut accepté. Sa lecture fut bientôt interrompue par l'arrivée d'un domestique : il apportait une lettre qui venait d'être laissée chez le portier, par un homme qui avait dit n'avoir pas reçu l'ordre d'attendre la réponse. M. Tilbury, reconnaissant l'écriture de sa fille, s'en saisit avec empressement, et brisant précipitamment le cachet, lut bas ce que je vais transcrire.

« O mon père! pouvez-vous vous faire une idée des sentimens qui m'oppressent? Je suis à une distance peu éloignée de Shelter-House, et l'on ne me permet pas de m'y rendre avant de savoir si vous accepterez les conditions qu'on exige de vous. Grand Dieu! imposer des conditions à un père pour lui rendre son enfant! Il faut vous engager à ne me faire aucune question directe ou indirecte; je dois garder le plus rigoureux silence sur tout ce qui m'est arrivé depuis le jour fatal..... La plus légère confidence vous coûterait..... Mon père, si vous ne vous sentez pas la force de résister au désir d'apprendre les malheurs de votre Adolphina, telle horrible que soit notre séparation, il vaut encore mieux que je m'éloigne pour jamais. Si vous saviez à quel prix j'ai obtenu le bonheur de retourner près de vous, le sacrifice qu'on ose vous demander ne vous coûterait pas à faire. Si vous adhérez aux propositions que je vous transmets, voici de quelle manière vous devez faire connaître votre volonté. Une demi-heure après le reçu de cette lettre, un mouchoir blanc flottera à la fenêtre de ma chambre, un autre à celle de mon frère, et un troisième à celle de la salle de billard. Faites attention, mon père, qu'on ne vous accorde qu'une demi-heure pour vous consulter. Ce terme écoulé, je serai entraîné loin de tout ce qui m'est cher au monde. Dans l'attente de ce que vous déciderez, je suis sur des épines. Peut-être craindrez-vous d'accueillir dans votre maison une fille indigne de se présenter à vos yeux. Croyez-moi, mon père, quand je vous assure, au nom du Ciel, que je n'ai jamais offensé, que je puis lever la tête en présence de mes vertueux parens; la pureté qui me fut léguée par ma mère deviendra l'héritage de mes neveux. Ma tante, ma sœur, mon frère, et ma bonne Diana, doivent aussi s'engager à ne me rien demander qui puisse tendre à me faire fausser ma parole. Mon cœur bat à l'idée qu'avant la fin du jour, je puis me sentir pressée dans les bras de mon père. »

Dès que M. Tilbury eut terminé la lecture de cette lettre, il dit à Théodosia d'aller chercher Douglas, et de revenir avec elle. George voulait sortir, son père lui dit de rester. Le son de la

L.

voix de M. Tilbury dénotait une vive émotion ; sa sœur lui en fit l'observation, en lui en demandant le motif.— Vous allez le connaître. Dès que Théodosia et la gouvernante furent dans le salon , M. Tilbury leur communiqua la lettre d'Adolphina, et exigea d'eux un serment, prononcé avec la plus grande solennité, de ne faire à sa fille aucune question, directement ou indirectement, sur les événemens qui l'avaient tenue éloignée de sa famille. Tous s'y engagèrent : ce fut M. Tilbury qui plaça lui-même les trois mouchoirs aux endroits indiqués. George proposa de poster quelqu'un à chacune des fenêtres dénommées pour y guetter le retour de sa sœur. — Sans doute, dit-il, elle sera accompagnée , et il serait possible de faire quelques découvertes. M. Tilbury jeta un regard sévère sur son fils.—Déjà de la curiosité!

—Mon père, elle est excitée par un bon motif. —N'avez-vous pas juré ?— J'ai juré de ne faire aucune question, dit précipitamment George en interrompant son père, mais non pas de fermer les yeux, si le hasard ou ma bonne fortune m'offrait des moyens de percer ce désespérant mystère. — Mon neveu a raison : sans s'adresser à Adolphina, on peut fort bien faire de secrètes informations. Pour toute réponse, M. Tilbury déploya la lettre de sa fille, et lut : *Il faut vous engager à ne me faire aucune question directe ou indirecte.* En adhérant au retour d'Adolphina, sous les conditions proposées, rien au monde ne me ferait fausser ma parole : j'exige de vous tous un silence absolu, et je défends qu'il soit fait aucune démarche qui ait pour but d'approfondir ce qu'un malheur sans exemple nous force à ignorer. De

grosses larmes sillonnaient les joues de
Théodosia : vainement Diana cherchait à retenir ses sanglots. George lui-
même, le léger George, les bras croi-
sés, paraissait profondément affligé.
Je n'essaierai pas de vouloir peindre
l'extrême douleur de M. Tilbury ; la
tête baissée sur sa poitrine, dont il
sortait des soupirs étouffés, il se promenait dans la chambre, sans rien remarquer de ce qui se passait autour de
lui ; la seule Esther avait conservé sa
tranquillité ordinaire ; peut-être re-
gardait-elle comme une ridicule fai-
blesse de se livrer à une aussi grande
douleur pour une chose de si peu d'importance. Puisque Adolphina revient,
pensait-elle, et qu'elle assure qu'elle
est toujours vertueuse, à quoi sert de
se tourmenter ainsi? Miss Tilbury passait pour être philosophe : voilà pourquoi un malheur qui ne l'atteignait pas

personnellement lui semblait à peine
digne de son attention. Tout-à-coup
on entend des cris de joie. — C'est-
elle ! — c'est Adolphina ! — c'est ma
sœur ! tous ces mots se confondirent ;
et, au même moment, le père, le
frère, la sœur et la bonne Douglas se
précipitent vers la porte qui s'ouvre
avec vivacité pour laisser passer Adolphina. Elle se jeta dans les bras de
l'auteur de ses jours, en s'écriant : —
O mon père ! je vous revois ! bénis-
sez votre enfant, et je ne serai pas entièrement malheureuse. L'aimable fille
se laisse glisser sur ses genoux, et re-
çoit avec transport la bénédiction
de son père. Elle se relève, et serre
alternativement, contre son sein, sa
sœur, son frère et Diana ; puis, s'a-
vançant vers sa tante, elle baise affec-
tueusement sa main, et tombe presque
sans connaissance sur le sofa où Esther

était assise. On lui donne des secours ;
revenue à elle, son premier soin fut de
s'informer de la santé de chacun : tous
les yeux se portèrent sur elle. Dieu !
quel changement ! ce n'était plus cette
jeune fille dont la fraîcheur excitait
l'admiration. Maigre, pâle, l'air souf-
frant, telle était devenue la pauvre
Adolphina. — Vous êtes malade,
mon enfant? lui demanda M. Tilbury.
— Je l'ai été, mon père ; mais je ne le
suis plus : mon air d'abattement vient
d'une grande fatigue ; demain il n'y pa-
raîtra plus. — Je vous conseille, ma
sœur, d'aller vous reposer. — Êtes-
vous fou, George? Vous voulez que
ma nièce se couche à sept heures ! —
Pourquoi pas, ma tante? Si Adolphina
est lasse, un bon sommeil lui fera dix
fois plus de bien que notre conversation. — Si mon père ne s'y oppose
pas, je ne serai pas fâchée de me reti-

rer. M. Tilbury prit le bras de sa fille sous le sien, et la conduisit à sa chambre. Après l'avoir fait asseoir, il se retira, la laissant avec sa sœur et sa gouvernante.

CHAPITRE IX.

L'espèce d'étourdissement qu'avait éprouvé Alfred, au moment de commencer sa lecture, s'était dissipé dès qu'il avait pris l'air ; la bonté de ce remède l'engagea sans doute à achever sa guérison, en étendant sa promenade. Quand il rentra à la maison, il parut très-étonné de voir un air de bonheur répandu sur toutes les figures. Une extrême hauteur l'avait toujours éloigné des domestiques ; il était rare qu'il leur adressât la parole. Cependant, cette fois, il voulut bien s'humaniser ; et, s'adressant à un groom, il demanda s'il était venu des visites pendant son absence. — Dieu merci, miss Adolphina est re-

trouvée. — Adolphina! ah, tant mieux !
Il semble que cette nouvelle, annoncée
d'une manière aussi franche, n'avait
pas besoin d'être confirmée ; cependant
M. Worm, à qui il restait peut-être
encore quelque doute, s'adressa de
nouveau à une fille de peine, qui lui
répondit joyeusement : — Notre jeune
maîtresse vient de revenir ; le contentement est général : il semble que chacun de nous a retrouvé une parente
chérie. — Ah ! je m'en réjouis aussi
bien sincèrement. Alfred monte l'escalier ; il rencontre le valet de chambre
de M. Tilbury. — Vous me paraissez
bien content, M. Halfmoon ? — Je ne
suis pas le seul, et vous le serez sûrement de même, M. Worm, quand
vous saurez que miss Adolphina est en
ce moment dans sa chambre. — Quel
bonheur ! Ainsi on l'a ramenée ? des
amis, je présume ? — Par ma foi, je n'en

sais rien ; elle est ici, voilà tout ce qui m'intéresse : je ne m'occupe point de quelle manière elle est revenue. Alfred entre dans le salon, à l'instant où George en sortait. Le jeune homme murmurait quelques mots, dont on ne put distinguer que ceux *injuste et méchante.* — Vous êtes bien en colère, ce me semble ? dit Worm, en le retenant par le bras. — On le serait à moins : cette femme, qu'on dit être ma tante, trouve son bonheur à tourmenter ceux qu'elle n'aime pas. — Sur qui donc est tombée aujourd'hui sa mauvaise humeur ? Serait-ce sur vous ? — Je m'en soucierais fort peu ; mais calomnier ma pauvre sœur. — La charmante Théodosia ? — Non, Adolphina. A peine est elle arrivée... A propos, vous étiez absent ; vous ne savez peut-être pas qu'Adolphina nous est revenue ? — On vient de me l'apprendre. Ainsi,

miss Tilbury l'a mal reçue ? — Que
fait-elle de bien ? — Votre père est
très-content, sans doute ? — Nous
sommes tous heureux, excepté ce dia-
ble déguisé en femme. Alfred sourit,
tourna la clef, et entra. — Votre promenade a été bien longue ? — J'avais
besoin de prendre l'air. — Comment
vous trouvez-vous ? — Assez bien. —
Savez-vous la nouvelle ? — Oui, si
vous voulez mentionner le retour de
votre nièce : sûrement elle a expliqué
le motif de sa singulière disparition ?
— Pas un mot de cela. — Ah ! je conçois les fatigues du voyage ; ainsi, demain vous aurez la relation exacte de
sa curieuse histoire. — Nous n'en sau-
rons pas davantage. — Vous plaisantez. — Pas du tout : on exige qu'elle
garde le plus rigoureux silence. —
Qui donc a exigé cela ? — Le sais-je ?
ses ravisseurs, sans doute. — Ne trou-

vez-vous pas qu'il y a une sorte de merveilleux dans cet événement ? — Je pense qu'on prend mon frère pour un imbécille, et nous tous pour des sots : on accumule invraisemblances sur invraisemblances, et l'on voudrait que je fusse aussi bêtement crédule que les autres. — En vérité, Esther, je ne vous comprends pas. — Voici l'historique de la plus absurde aventure. Alors miss Tilbury fit à Worm l'extrait de la lettre de sa nièce. — Ainsi votre frère s'est engagé par serment de ne solliciter aucun éclaircissement ? — Il nous a de plus forcés à promettre de respecter le secret qu'Adolphina avait juré de garder. — En ce cas il nous faut renoncer à obtenir l'éclaircissement que nous voudrions beaucoup avoir. — Une promesse, extorquée de cette manière, n'oblige à rien : je vous proteste, Alfred, que je ne me considère point comme liée. — Cependant vous avez donné votre parole. — N'avez-vous jamais manqué à la vôtre? — Non pas que je sache. — Et c'est devant moi que vous proférez ce mensonge. — Esther! — Eh bien, Alfred, je répète mon assertion.—Laissons de côté cette discussion; un objet plus important doit nous occuper. — Je vous sais gré d'y revenir de vous-même : avez-vous écrit? — La lettre est partie. — Si la réponse est satisfaisante, le mariage aura lieu tout de suite. — Sans difficulté; mais il n'y faut pas trop compter. Un valet entre; il remet un papier à Esther : c'était un billet d'invitation pour dîner, le jeudi suivant, chez sir Joseph Lovering, un nouveau voisin de Shelter-House. Romantic-Lodge, agréable habitation, était occupée, depuis vingt-cinq ans, par un homme fort âgé, et d'une humeur fantasque. Veuf, sans

enfans, et d'une mauvaise santé, il
n'allait jamais chez personne, et ne recevait aucun de ses voisins; en sorte
que l'on savait à peine que Romantic-
Lodge était habitée : les valets, aussi
misantropes que leur maître, ne communiquaient avec aucun des habitans des
environs. A la mort du baronnet, Romantic-Lodge devint la propriété de
son neveu sir Joseph Lovering. Ce
dernier en avait pris possession avec sa
famille, depuis six semaines. Quelques
jours avant il était venu faire une visite à la famille Tilbury, et n'avait pas
été reçu ; désirant se lier plus particulièrement avec elle, il l'engageait à
vouloir bien se joindre à plusieurs de
ses amis, pour célébrer l'anniversaire
de la naissance de son fils qui venait d'atteindre sa majorité. Esther,
avide de plaisir, fit répondre qu'on ac-
ceptait l'invitation. Il est à remarquer

que l'on ne mentionnait dans le billet, que la famille en masse ; par ce moyen, chaque membre était libre de refuser ou d'accepter. Tous, excepté Esther et George, dirent qu'ils n'iraient pas à Romantic-Lodge. Miss Tilbury trouva très-mauvais qu'on fît difficulté de l'accompagner où elle désirait aller. Cette espèce de discussion eut lieu le jour qui suivit celui du retour d'Adolphina, en déjeunant. — Je me flatte, dit Esther, qu'Adolphina me fera le plaisir de venir avec moi. — Vous m'obligeriez beaucoup, madame, de vouloir bien m'en dispenser. — Serai-je donc forcée d'avoir recours à l'autorité d'un père, pour obtenir un acte de complaisance aussi simple ? — Dans tout autre circonstance, je m'empresserais de vous satisfaire; mais je vous prie d'observer, ma tante, qu'il me faudrait subir des espèces d'interrogatoires extrêmement désagréables. — Vous êtes donc décidée à ne vous montrer nulle part ? — C'est mon intention. — Prétendez-vous que je me prive du plaisir de la société? — Je n'ai aucun droit, madame, sur ce qui concerne les autres. — Que pensera-t-on d'une retraite aussi extraordinaire?—Pourvu que mon père l'approuve, cela me suffit. — Mon assentiment, comme je vois, est de peu d'importance pour vous? — Je ne dis pas cela. — Mais vous le prouvez : au reste, je me passerai fort bien de compagne, et sans doute je n'en serai pas plus mal reçue de sir Joseph pour arriver seule. George, vous me donnerez la main. — Je suis fâché de vous refuser ; mais, m'étant engagé à aller prendre William Reepwill, il me devient impossible de vous suivre à Romantic-Lodge. — Fort bien, c'est un parti pris ; et mon frère, par

son silence, semble approuver ce man-
que d'égards. — Chère Esther, je laisse
à chacun la liberté d'agir suivant son
plaisir, dans des choses surtout aussi
futiles que celles d'un dîner, d'un con-
cert, etc...... Quant à Adolphina, je
trouve qu'elle a parfaitement raison,
dans ces premiers momens, d'éviter
toutes les occasions qui la forceraient
à recourir à des mensonges. — Croyez-
vous qu'on s'abstiendra de me faire des
questions ? A propos, nous ne sommes
pas convenus de ce qu'il fallait dire ?
— Rien, ou du moins fort peu de chose:
Adolphina était chez une parente. —
On me rira au nez. — Vous m'en ren-
drez compte, ma tante, dit George avec
vivacité ; si c'est un homme, je me
battrai avec lui ; et, si c'est une femme, je lui dirai qu'elle ait à se mêler
de ses affaires. — Je vous défends,
George, de vous immiscer dans ce qui

I.   12.

ne vous regarde pas directement. —
Ce qui a rapport à ma famille, mon
père, ne doit pas m'être étranger. Une
visite termina cet entretien, auquel
Alfred, qoique témoin, ne prit aucune
part. Cependant il ne détournait presque pas la vue du visage d'Adolphina;
il semblait qu'il espérait lire dans les
yeux de la jeune personne : la curiosité, sans doute, était son seul motif.
Adolphina remarqua avec quelle attention Worm la considérait; elle en parut extrêmement embarrassée ; plusieurs fois elle changea de couleur.
Théodosia vit parfaitement la gêne de
sa sœur; et, révoltée des regards har-
dis que lui lançait le précepteur, elle
se promit de lui dire à lui-même ce
qu'elle pensait d'une conduite si peu
convenable.

CHAPITRE X.

Sɪʀ Joseph Lovering était un homme
de quarante-cinq ans, plutôt bien que
mal de son personnel. Veuf depuis plusieurs années, il s'était refusé à contracter un nouvel engagement, quoique
ayant été souvent sollicité de donner
une mère à ses enfans. Il en avait quatre
à la mort de sa femme ; en moins de
dix-huit mois, il avait perdu les trois
plus jeunes ; il ne lui restait que l'aîné,
âgé de vingt-un ans. Sir Joseph aimait
assez son fils. Francis Lovering était un
des plus estimables jeunes hommes du
siècle. Remarquable par la beauté et
l'élégance de ses formes, il ne semblait
pas même se douter qu'on pût faire

aucune attention à lui. Avec beaucoup
d'instruction, il était singulièrement
modeste; personne, excepté lui-même,
ne lui refusait de l'esprit et des connaissances. Elevé dans l'opulence, il ne s'é-
tait fait aucune habitude dispendieuse.
Econome pour lui-même, il était généreux et grand envers les autres. Cou-
rageux presque jusqu'à la témérité, on
le voyait toujours porté à l'indulgence
pour les faiblesses de l'humanité. La
reconnaissance était la vertu qu'il pra-
tiquait le plus, et celle qu'il exigeait
le moins. Joignez à toutes ces qualités
une belle figure, et vous conviendrez
que Francis Lovering était vraiment un
être rare, autant que précieux. Confié,
pour son éducation, à un homme du
plus grand mérite, il était sorti de ses
mains aussi parfait qu'il est possible à
une fragile créature de le devenir. Francis n'avait pas été au collège; son père

l'avait placé, à l'âge de huit ans, chez un respectable ecclésiastique, recommandable par l'estime publique. Le révérend Gilbert Hammond était ministre d'un presbytère situé à quelques milles de Bath, dans le Somersetshire; la cure qu'il desservait lui rapportait 200 livres sterlings annuellement. Les trois quarts de cette somme étaient le patrimoine des pauvres de sa paroisse. Les infortunés de Greengrove étaient sûrs de trouver dans leur excellent ministre un bienfaiteur, un consolateur et un ami. Elevé à l'école de la vertu, il n'était nullement surprenant que le jeune Francis fût devenu un fort bon sujet. Dans l'intervalle de onze ans, l'élève de M. Hammond n'avait pas été une fois chez son père, qui lui-même ne l'avait visité que deux fois à Greengrove : ainsi le père et le fils se connaissaient personnellement très-peu ; cependant ils s'aimaient mutuellement.

Sir Joseph, orgueilleux de la bonne réputation de Francis, prit la résolution de célébrer son retour à la maison paternelle par une fête, à laquelle devaient participer non-seulement les voisins de Romantic-Lodge, mais encore tous les habitans. Le baronnet était fort riche ; et, quoiqu'il ne fût rien moins que généreux, il ordonna à son intendant de ne point ménager la dépense dans une circonstance qui est l'unique de la vie.

Miss Tilbury ne négligea aucun de ces grands moyens de se faire remarquer dont les femmes sur le retour, et toujours possédées du désir de plaire, savent user. Je veux parler des incalculables ressources de la toilette. Une excessive parure lui sembla propre à

raccommoder ses charmes, et commander ou plutôt fixer l'attention. Abstrac-
tion faite du visage ridé et de la taille
épaisse d'Esther, en l'apercevant on
l'aurait prise pour une jeune personne
de vingt ans. Après une assez forte
altercation, dont on n'entendit que le
bruit, on vit miss Tilbury descendre
l'escalier, soutenue par Alfred. L'air
de contentement de la première con-
trastait singulièrement avec le maintien sérieux et humilié du précepteur;
ils montèrent ensemble en voiture, et
on ne les revit que le lendemain à huit
heures du matin. Egalement fatigués
et de mauvaise humeur, il était facile
de deviner que le mécontentement l'a-
vait emporté sur le plaisir. Esther se
retira immédiatement dans sa chambre,
qu'elle ne quitta pas de la journée; à
l'heure du dîner, elle se fit excuser,
étant encore excédée de fatigue : elle

ne voulut pas se lever. Worm aurait bien désiré en faire autant pour se soustraire aux questions qu'il s'attendait à s'entendre faire par le curieux George; mais il ne l'osa pas. Dès que le jeune homme l'aperçut, il le salua d'un éclat de rire. — Eh bien ! cher Alfred, ne nous direz-vous rien de votre agréable soirée? Votre charmante compagne a sûrement excité l'admiration de tous les jeunes gens, et la jalousie des plus jolies dames? Savez-vous que ma respectable tante ressemblait comme deux gouttes d'eau à miss Pinch * ? taille svelte, démarche noble. — Il est très-mal à vous, M. George, de vous moquer ainsi de la sœur de votre père. — M. Worm a raison, George, dit Théodosia ; la complaisance qu'il a bien voulu avoir d'accompagner miss Til-

* Espèce de madame Turcaret.

bury lui donne des droits à notre reconnaissance. — Bravo, ma sœur, du
moins vous convenez que c'était une
corvée dont on voulait généreusement
me gratifier; Alfred n'avait qu'à faire
comme moi, supposer un engagement.
L'arrivée de M. Tilbury mit fin à une
conversation qui ne pouvait se continuer devant lui.

Pendant les premiers jours du retour
d'Adolphina chez son père, elle s'efforça de dissimuler une partie des chagrins qui la dévoraient : peut-être aussi
la satisfaction de se retrouver au mi-
lieu de sa famille, contribua à lui donner un air de contentement. Cependant il était impossible qu'il ne régnât
pas une sorte de gêne entre chaque
individu obligé de circonscrire la conversation dans un cercle borné par un
mutuel serment; il fallait peser, pour
ainsi dire, ses paroles, afin de s'assu-

I.   13

rer qu'elles n'avaient aucun rapport avec les circonstances mystérieuses. Esther, plus curieuse et moins discrète, ne pouvait se contenir entièrement. Plusieurs fois Théodosia rompit le sujet de l'entretien qui naturellement se dirigeait sur ce qui devait occuper tous les esprits. La présence d'Alfred faisait strictement observer un rigoureux silence ; alors il jetait, à la dérobée, un coup d'œil sur chacun : son air annonçait une espèce d'inquiétude qui se dissipait au bout d'un instant. — Vous ne pouvez cacher, lui dit un jour Esther à demi-voix, et devant ses deux nièces, le désir extrême que vous avez de faire des questions à Adolphina. Worm rougit beaucoup en se défendant d'avoir la plus légère curiosité sur un sujet qui devait lui être absolument étranger.

Toutes les journées s'écoulaient tris-

tement à Shelter-House : les domestiques mêmes avaient les manières em-
barrassées. Surpris de n'entendre rien
transpirer, relativement à l'absence
extraordinaire d'Adolphina, ils faisaient entre eux des conjectures tout-
à-fait absurdes, et où Wokey - Hole
jouait un fort grand rôle. Adolphina,
revenue seule, prouvait, disaient les
plus crédules, que son enlèvement
avait quelque chose de surnaturel.
Diana ne cherchait point à confirmer
leurs idées ridicules ; mais elle n'es-
sayait pas non plus de les désabuser : ce
qui lui aurait été facile, sans compromettre le secret de sa jeune maîtresse ;
car il fallait bien leur laisser un point
d'appui, tel peu solide qu'il fût.

Une après - dînée, au moment où
l'on se disposait à descendre au jardin,
le bruit d'une voiture se fit entendre,
et sir Joseph, suivi de son fils, fut

annoncé. Ils venaient s'informer des nouvelles de la santé de M. Tilbury ; Esther, pour s'excuser de venir seule à la fête de Romantic - Lodge, avait dit que son frère était fort malade, et que ses enfans n'avaient pu se décider à le quitter. Tout le temps que dura la visite des deux gentilshommes, on s'efforça de paraître dans une situation d'esprit tranquille : c'était la première fois que les deux familles se trouvaient réunies. La beauté et les grâces d'Adolphina et de Théodosia fixèrent l'attention du fils et du père. Il était, en effet, difficile de voir ces deux charmantes sœurs, sans leur payer un tribut d'admiration. Avant de s'en aller, sir Joseph témoigna à M. Tilbury un extrême désir de cultiver sa connaissance : les manières du baronnet étaient engageantes ; son esprit agréable et sa politesse aisée formaient un ensemble fait pour plaire. M. Tilbury ne put se refuser à répondre favorablement à ses honnêtetés, et il l'assura qu'il se ferait un plaisir de le voir aussi souvent que ses occupations pourraient le lui permettre.

En retournant à Romantic-Lodge, sir Joseph ne cessa d'entretenir son fils des habitans de Shelter-House. Francis joignit ses éloges à ceux de son père; cependant il éprouvait une sorte d'inquiétude qui l'empêchait de personnaliser aucun des membres de la famille Tilbury. Peut-être, par un semblable motif, le baronnet évitait de prononcer les noms des jeunes personnes. Francis parla de la politesse du chef de la famille, et sir Joseph de la franchise de George. — Je crois miss Tilbury, dit Francis, une fort bonne fille; mais je lui trouve des manières apprêtées, et le regard oblique. — Ne trouvez-vous

pas que cette femme a quelques restes
de beauté? Le baronnet ajouta, en souriant, qu'elle cherche à faire valoir.
— Ses nièces sont très-aimables, —
Et fort jolies. Francis ne dit plus rien.
Son père reprit la parole. — L'aînée
doit plaire plus généralement. Le jeune
homme rougit, et garda le silence. —
Peut-être Théodosia vous semble plus
belle? — Toutes deux sont charmantes.
— Adolphina est brune, — Théodosia
est blonde ; je crois que c'était la couleur des cheveux de ma mère : sûrement, mon père, c'est celle à laquelle
vous donnez la préférence? — Peut-
être nos goûts diffèrent sur ce point.
— Je n'ai point encore été à même de
porter un jugement sur la beauté des
femmes ; j'en ai vu si peu de jolies.
Mistress Hammond est bonne, douce :
il est peu de qualités qu'elle ne pos-
sède; mais elle n'est point belle. Ce-

pendant j'avoue que je trouve que rien ne sied mieux que des cheveux noirs, surtout avec un teint aussi beau que celui de miss Adolphina. La figure du baronnet s'éclaircit.—Ainsi l'aînée vous plairait plus que la cadette? Francis hésitait à répondre; sir Joseph répéta la question. — Oui, mon père. Le baronnet parut extrêmement gai durant le reste du chemin.

La visite des étrangers à Shelter-House fut, tout le jour, le sujet de la conversation de la famille. M. Tilbury et George étaient fort contens de sir Joseph, et plus encore de Francis. Le jeune homme avait peu parlé; mais ce qu'il avait dit était sensé et spirituel. Pour miss Esther, elle n'avait remarqué que ses grâces et la beauté de ses traits. L'opinion des jeunes personnes, sur leurs nouvelles connaissances, ne sortit pas de leurs lèvres; elles écou-

tèrent sans proférer un seul mot. Retirées dans leur chambre, elles se re-
gardèrent en souriant. — Que pense
Adolphina des habitans de Romantic-
Lodge ? — Ce qu'en pense Théodosia.
Avant d'en dire davantage, reprit cette
dernière, écrivons, chacune de notre
côté, notre opinion sur le père et le
fils. L'idée parut si plaisante à la bonne
Douglas, qu'elle leur présenta, sur
une table séparée, plumes, encre et
papier. — Ce sera moi, dit Diana, qui
ferai la lecture. Les deux écrits lui
furent remis. Voici ce qu'ils renfer-
maient :

Opinion d'Adolphina.

Le père. Regard étudié, beaux traits
sans agrémens, son de voix factice.

Le fils. Beaux yeux qui semblent
exprimer la bonté ; un air franc et ou-

vert; un son de voix velouté, qui
charme.

Opinion de Théodosia.

Sir Joseph. Dissimulation sous l'ap-
parence d'une grande franchise, ne
disant pas ce qu'il pense, et ne pensant
pas ce qu'il dit.

Francis. Bon jeune homme, de l'esprit sans prétention, ayant, je crois,
l'âme aussi belle que le corps.

— Pauvre sir Joseph! s'écria Diana
après avoir lu, convenez, mes chères
enfans, qu'il y a beaucoup de prévention dans votre jugement. — Aucune,
je vous assure, dirent ensemble les
deux sœurs. — Vous n'avez pas vu le
baronnet, ajouta Théodosia; ainsi, ma
bonne, vous ne pouvez être juge com-
pétent. — Attendez, pour prononcer,
que vous le connaissiez, dit à son tour
Adolphina. — Le connaissez-vous pour

vous être trouvées avec lui pendant une heure et demie ? — Douglas a raison : il est possible que nous soyons injustes envers lui. Ainsi, Théodosia, attendons qu'une plus ample connaissance confirme ou détruise les sentimens peu favorables qu'il nous a inspirés au premier abord. — Eh bien, dit Théodosia, jusque-là n'en parlons plus.

Il n'est pas inutile de dire ici que Worm, qui était présent à la visite des étrangers, déplut également au père et au fils. Le même éloignement s'était manifesté dans Alfred pour Francis et le baronnet, au point même qu'il plaisanta, avec une sorte d'ironie, miss Esther, sur son penchant à préférer les nouvelles connaissances. George rit beaucoup de l'apostrophe, et défia sa tante de se tirer de ce mauvais pas. — Je n'aime à lutter, dit-elle, ni avec les méchans, ni avec les sots. Un coup d'œil jeté au précepteur lui indiquait clairement qu'il pouvait prendre pour lui la moitié de son discours. — Alfred, on nous fait notre part à chacun ; il y a peu de choix ; nous pouvons prendre en fermant les yeux : j'aime autant être un sot qu'un méchant. — Et moi je ne veux être ni l'un ni l'autre. — Cependant je ne puis, en conscience, m'emparer de tout : mettez-nous d'accord, madame, en personnifiant les objets de votre générosité. Au lieu de répondre, Esther leva les épaules.

Quelques jours après, M. Tilbury alla, avec son fils, rendre la visite à ses voisins. Francis était absent ; son père accueillit, avec infiniment de politesse, MM. Tilbury, et leur réitéra le désir qu'il avait de former une liaison plus intime avec le propriétaire de Shelter-House. On se fit un échange

mutuel d'honnêtetés, qui ne paraissait
pas dénué de sincérité. Au moment
où la voiture de M. Tilbury sortait de
l'avenue, Francis se disposait à y entrer. Il arrêta son cheval ; le cocher
en fit autant, et le jeune Lovering témoigna à ses deux voisins combien il
regrettait d'être revenu si tard : il voulut accompagner le carrosse jusqu'à la
moitié du chemin.

De retour à Romantic-Lodge, Francis trouva son père extrêmement pensif. Ignorant la rencontre que son fils
avait faite, il crut lui apprendre que
MM. Tilbury étaient venus lui faire
une visite. — Nous irons demain à
Shelter-House, ajouta-t-il ; la société
de nos voisins me plaît beaucoup.
Francis le pensait aussi ; mais il ne le
dit pas.

Il est difficile de ne pas trouver une
sorte de plaisir à voir ceux qui parais-

sent nous rechercher avec empressement. Les habitans de Shelter-House,
et ceux de Romantic-Lodge, formè-
rent ensemble une espèce d'intimité
qui se consolidait par la fréquence de
leurs entrevues. Il ne se passait guère
de semaine qu'ils ne dînassent une ou
deux fois les uns chez les autres. Une
aussi grande liaison fit naître des sentimens fort opposés dans les différens
individus. Je vais tâcher de les faire
connaître au lecteur, autant cependant que les réticences nécessaires à
un auteur pourront me le permettre.

On a pu se douter que la première
vue avait soumis deux cœurs aux deux
charmantes sœurs ; peut - être aussi
a-t-on pu deviner ce qu'elles ignoraient elles-mêmes, un fort grand éloignement pour le baronnet, qui ne s'é-
tendait nullement sur son fils. La connaissance des qualités de ce dernier

ne put qu'accroître la bonne opinion qu'on avait déjà conçue de lui. Sir Joseph, par ses soins, ses prévenances, et une sorte d'amabilité que même la prévention ne pouvait lui ôter, eut une chance tout-à-fait opposée : on ne lui accordait justement que ce que la stricte politesse exigeait. C'est souvent mal à propos qu'on soutient que l'amour est aveugle : je pense, moi, qu'il est aussi clairvoyant que la haine. Sir Joseph avait lu dans le cœur de Théodosia bien long-temps avant aucun autre. Pour rendre justice à sa perspicacité, je dois avouer qu'il connaissait aussi les sentimens d'Adolphina : il était bien certain qu'elle aimait son fils ; mais il ignorait à laquelle Francis donnait la préférence : il était possible que ce qu'il lui avait dit, relativement à la couleur des cheveux, ne fût qu'un moyen pour l'empêcher de pénétrer son secret. Au reste, en dépit de l'amour-propre dont il était abondamment pourvu, il ne put se dissimuler l'espèce d'aversion qu'il avait inspirée aux deux jeunes personnes. Cette fâcheuse découverte aurait peut-être dû l'engager à cesser toute espèce de prétention autre que celle de se rendre agréable à une société qui lui plaisait; mais il ne s'en sentit pas la force.

Francis admirait les deux filles de M. Tilbury : cependant, n'ayant qu'un cœur à sa disposition, ce fut à Adolphina qu'il le destina; mais voudrait-elle en accepter l'hommage ? Voilà ce dont sa modestie lui faisait douter; une pareille appréhension était bien propre à le rendre malheureux : aussi le voyait-on beaucoup plus triste qu'il n'avait coutume d'être.

Miss Tilbury ayant toujours eu un

penchant invincible pour les jeunes gens aimables , ne put se défendre de trouver dans le personnel de Francis toutes les perfections qu'elle savait si bien apprécier. Hélas! il me faut convenir ici qu'Esther donna, dans cette occasion , le spectacle hideux d'une femme âgée se livrant à un sentiment que condamnait toutes les convenances. Heureusement cet oubli de soi-même est infiniment rare. Il eût été difficile de ne pas s'apercevoir des perpétuels coups d'œil que miss Tilbury jetait sur l'intéressant Francis. Long-temps il fut le seul à ne concevoir aucun soupçon d'une préférence si peu faite pour flatter son amour-propre. M. Tilbury fit observer à sa sœur, avec délicatesse, qu'elle s'attirait le blâme de tous. George, qui ne connaissait que d'aller au but par le plus court chemin, lui dit, avec sa grosse franchise, que le

ridicule dont elle se couvrait n'échap-
pait pas même aux valets. Il est probable qu'Alfred mit moins de publicité dans ses avis. Quoi qu'il en soit,
on n'eut aucune raison pour croire
qu'elle se fût rendue à la sagesse des
conseils de ses amis.

CHAPITRE XI.

La liaison qui s'était formée entre les deux familles existait depuis trois mois, quand sir Joseph, qui avait vainement attendu pour demander la main de Théodosia, qu'il eût pu vaincre l'austère réserve qu'elle avait toujours conservée avec lui, se décida à faire à M. Tilbury l'aveu de ses sentimens pour son adorable fille; aveu qu'il accompagna des propositions les plus séduisantes. Il offrait, non-seulement de reconnaître avoir reçu d'elle une forte dot, mais en outre de lui constituer un douaire très-considérable. — Je vous remercie, sir Joseph, lui répondit M. Tilbury, de vos généreuses intentions; mais, dans le cas où vous conviendriez à Théodosia, ce dont je vous permets de vous assurer, je n'accepterais point l'avantage que vous voulez lui faire. Je dois et puis la doter : vous seriez néanmoins le maître de fixer le douaire que vous jugeriez convenable de lui faire. Si vous obtenez l'assentiment de ma fille, j'y joindrai le mien de bien bon cœur. Je me suis promis de ne jamais chercher à influencer le choix de mes enfans dans la circonstance qui doit décider du bonheur ou du malheur de la vie. Cette réponse, dictée par la sagesse d'un honnête homme et la tendresse d'un bon père, ne satisfit pas entièrement le baronnet. Ayant quelques raisons de penser que l'inclination de Théodosia ne l'avait pas pour objet, il avait espéré que l'autorité paternelle serait d'un grand poids en sa faveur; il fallut se résoudre à tenter une démarche qui ne lui offrait qu'une réussite très-peu probable. L'incertitude paraissant à sir Joseph ce qu'elle est en effet, le tourment le plus affreux, il se rendit, en quittant M. Tilbury, dans une salle où les deux sœurs avaient coutume de passer deux ou trois heures à peindre. Après les complimens usités, le baronnet pria Théodosia, avec l'autorisation de M. Tilbury, de vouloir bien lui accorder une demi-heure d'entretien particulier. Adolphina se leva aussitôt pour se retirer. Ce fut inutilement que Théodosia insista pour que sa sœur restât. — Je n'ai rien de caché pour elle ; ainsi, sir Joseph, vous pouvez me dire devant Adolphina ce que vous desirez que je sache. Le baronnet s'inclina, et réitéra sa demande. Adolphina sortit. Un refus positif, fait avec beaucoup de délicatesse, n'étant pas une chose nou-

velle, je m'abstiendrai de donner mi-
nutieusement le dialogue qui eut lieu
entre sir Joseph et Théodosia. On se
doute bien que le baronnet ne négligea
aucun moyen pour obtenir que son
arrêt ne fût pas prononcé sans appel.
Après avoir sollicité la pitié, il se borna
à supplier qu'on ne lui ôtât pas l'espoir.
Théodosia désirait trop faire cesser ce
qu'elle aurait regardé comme des per-
sécutions, pour lui laisser croire qu'elle
pourrait jamais accéder à ses vœux.
Elle était reconnaissante de l'honneur
qu'il voulait bien lui faire ; mais elle
persistait à lui assurer qu'il aurait tort
de prétendre à d'autre sentiment qu'à
celui de l'estime.—Je suis bien malheureux d'avoir été prévenu dans votre
cœur, miss. Un autre, sans doute.... —
Arrêtez, sir Joseph ; je ne puis me
décider à entendre ce que mon père
seul aurait le droit de me dire. Elle

s'était levée, salua légèrement le baronnet, et quitta la salle. Furieux, et cependant voulant conserver l'air calme dont il avait pris l'habitude, sir Joseph regagna lentement sa voiture.

En rejoignant sa sœur, Théodosia lui raconta pourquoi le baronnet avait désiré lui parler. —Je m'en étais doutée. Sûrement, vous avez accueilli favorablement une offre aussi flatteuse? dit en souriant Adolphina. — Ah! ma sœur! ne plaisantez pas; quelque chose semble m'avertir que cet événement sera pour moi une source de chagrins. Au moment où mon refus fut prononcé, les yeux de sir Joseph devinrent si terribles que je me hâtai de baisser les miens. Cet homme n'est pas ce qu'il veut paraître : je crains bien que le jugement que nous en avons porté ne soit pour lui qu'une justice rendue. — Quel mal pourrait-

il vous faire ? — Je ne sais ; mais je le
redoute. — La défiance où nous sommes
sur son compte empêchera l'effet de sa
malveillance, en supposant qu'il en ait.
Vous n'avez pas à appréhender que
mon père use de son autorité pour vous
faire contracter un mariage contre votre
gré. — Oh ! non, et je suis bien sûre
qu'en permettant à sir Joseph de me
déclarer ses sentimens, mon père connaissait d'avance ma réponse. — Peut-
être Théodosia aurait été moins sévère,
si Francis eût été à la place de son père ?
— Je n'aurais pas cru ma chère Adolphina assez peu sincère pour user de
détour avec sa sœur, son amie. — Vous
me jugez mal, Théodosia. — Franche-
ment, ma bonne sœur, pensez-vous que
je ne me sois pas aperçue de la préférence que M. Lovering vous donne sur
moi ? — Que dites-vous ? dit Adolphina
d'un air effrayé. Désabusez-vous, s'il

est vrai que vous ayez conçu cette
fausse idée. Francis ne songe certainement pas à moi ; et quand, ce qui n'est
pas, il aurait formé le projet de.....
— Je vais achever cette phrase qui
vous coûte tant à articuler : le projet de
devenir le plus heureux des hommes,
en obtenant la main d'une fille charmante. Eh bien! Adolphina, quand
cela serait, qu'en arriverait-il? — Au
nom du Ciel! Théodosia, ne faites pas
une semblable supposition ; vous ne
concevrez jamais le mal que vous me
faites : rien de pareil ne peut avoir lieu.
N'en parlez plus ; qu'il n'en soit de la
vie question : je vous le demande en
grâce. — Bien chère Adolphina, cal-
mez-vous. Dieu tout-puissant! comme
vous tremblez! Vos traits sont entièrement bouleversés. Pardonnez-moi : oh!
je vous jure de ne jamais revenir sur un
sujet qui vous est si pénible. Adol-

phina se jeta en pleurant dans les bras de sa sœur, qui mêla ses larmes aux siennes.

Un événement affreux empêcha Théodosia de faire des réflexions sur ce qui venait de se passer : les deux sœurs étaient encore ensemble, quand Diana entra pour les prévenir que M. Tilbury venait de tomber en apoplexie. Effrayées, elles courrent à la chambre de leur père, qu'elles trouvèrent étendu sur un fauteuil, ayant tout-à-fait perdu connaissance. Un valet était déjà parti pour Wells, à l'effet d'en ramener un médecin. En attendant, l'apothicaire de village essaya de saigner le malade ; le sang ne vint pas, et tout espoir de le sauver fut perdu. A peine les habitans de Shelter-House eurent-ils cette horrible conviction, que le désespoir éclata avec la plus forte véhémence. Des cris se faisaient entendre sur tous les points. En peu de temps cette triste nouvelle fut sue dans les environs. Une foule de malheureux, secourus par la bienfaisante main de M. Tilbury, accoururent pour savoir s'il était vrai que le père des infortunés avait cessé de vivre. L'objet de tant et de si justes regrets existait encore; mais le léger souffle qui l'animait n'annonçait que trop une très-prochaine destruction. Quand le médecin de Wells arriva, il prononça qu'avant une heure le malade n'existerait plus.

Les deux sœurs furent arrachées mourantes du lit de leur père. Leur douleur ne se manifestait pas par des plaintes : un morne silence, une stupeur effrayante, firent craindre qu'elles ne pussent supporter la violence d'un coup d'autant plus affreux qu'il était moins prévu.

Miss Tilbury témoigna son chagrin

d'une manière très-bruyante; elle s'a-
dressait à tout le monde pour jurer
qu'elle ne survivrait pas à une perte
aussi terrible. — Je sens, disait-elle,
que je vais m'évanouir; cependant elle
ne s'évanouissait pas.

George était absent quand M. Tilbury rendit le dernier soupir. Je dois
à la vérité de dire qu'à son retour il
fut frappé de la foudre. En apprenant
la perte qu'il avait faite, il courut s'enfermer dans sa chambre, et versa des
larmes bien amères, en se rappelant
toutes les vertus de son père. Il se reprocha les torts souvent répétés qu'il
avait eus avec lui, et se promit de ré-
former dans sa conduite tout ce que
M. Tilbury avait blâmé. Mon obéissance est tardive, pensa-t-il; mais si
de la demeure des justes, où sans doute
mon père habite, on peut savoir ce qui
se passe dans ce bas-monde, il aura la

satisfaction de s'assurer que ses bons avis et ses excellentes leçons n'ont pas été perdus pour son fils.

Je ne m'appesantirai pas sur les détails d'une douleur presque générale. On peut comprendre, mieux que je ne l'exprimerais, combien doit être regretté un homme doué de toutes les qualités les plus chères à l'humanité.

Les parens se réunirent le cinquième jour, pour faire l'ouverture du testament ; on ne vit pas, sans un grand étonnement, que miss Tilbury était nommée tutrice d'Adolphina et de Théodosia jusqu'à leur majorité ; dans cet intervalle, elles ne pourraient contracter aucun engagement sans l'aveu de leur tante ; à la vérité, cette dernière n'aurait, pour les déterminer à faire le choix d'un époux, d'autre droit que celui de la représentation ; le jour où elles atteindraient vingt-un ans, elles

seraient mises en possession de la part
de la fortune qui leur revenait. M. Tilbury voulait que le partage fût égal
entre ses trois enfans. George aurait,
de plus que ses sœurs, 10,000 livres
sterlings qui lui avaient été léguées par
un oncle de sa mère, et dont M. Tilbury avait eu la jouissance pendant sa
vie durante. La générosité du défunt
s'étendait sur tous les domestiques en
général, mais spécialement sur la
femme que mistress Tilbury avait tendrement aimée. Outre une pension via-
gère de 100 livres, il léguait à Diana
Douglas 150 livres comptant pour son
deuil. Sir Joseph et son fils reçurent
chacun une bague, comme une preuve
de son estime. Je ne dois pas omettre
de dire que M. Tilbury laissait à sa
sœur une rente de 400 livres, que
ses enfans seraient tenus, solidaire-
ment l'un pour l'autre, de lui payer,

de six mois en six mois ; mais dont elle ne pourrait disposer du fond, qui serait réparti sur les trois enfans.

Le titre de tutrice des mineurs donnait à Esther un pouvoir absolu dans la maison, jusqu'à la majorité de ses nièces ; elle en usa sans modération : pouvant disposer du revenu, personne n'avait le droit de blâmer hautement l'emploi qu'elle en faisait. La dépense fut ostensiblement doublée ; cependant elle était peu proportionnée aux demandes réitérées qu'elle faisait presque journellement à l'homme d'affaires de son frère. Honnête autant que loyal, M. Longman osa témoigner à miss Tilbury son étonnement sur la quantité d'argent qu'elle exigeait. — Comme je ne vous connais aucun droit, lui dit-elle, à me demander aucun compte, je vous prie de trouver bon que je ne vous fasse point de réponse.

Les visites de sir Joseph étaient de-
venues plus fréquentes; il passait peu
de jours sans venir à Shelter-House. Esther, malgré son deuil, affichait une
coquetterie qui la faisait généralement
censurer. Les deux orphelines, plon-
gées dans la plus grande tristesse, se
refusèrent, pendant plus d'un mois, à
prendre leurs repas avec leur tante; il
leur était impossible d'être témoins de
l'air de contentement qui régnait sur
la figure de miss Tilbury : chaque jour
il se trouvait plusieurs étrangers invités
à dîner. Une conduite si peu convenable détermina George à suivre l'exemple de ses sœurs, en se faisant servir
dans sa chambre. Souvent Francis lui
faisait compagnie. Le jeune Lovering
avait remarqué, avec beaucoup de satisfaction, le changement favorable
qui s'était opéré dans la manière d'être
de George. Fidèle à la promesse men-

tale qu'il avait faite en apprenant la mort de son père, de suivre les avis qu'il en avait reçus de son vivant, il ne se serait permis aucune action sanss'être recueilli, pour s'assurer avec sa conscience si M. Tilbury l'aurait approuvée. D'après ces dispositions, on sent parfaitement que la société d'Alfred ne pouvait que lui être désagréable. Toutes les fois que son ci-devant précepteur venait le trouver, il le recevait si froidement que Worm lui en demanda la raison. — Ma réponse contiendra peu de paroles : je ne suis plus tel que j'étais en sortant de vos mains; nos principes se trouvant aujourd'hui totalement opposés, toute liaison doit cesser entre nous; d'ailleurs il y a long-temps que je ne dois être pour rien dans la prolongation de votre séjour ici : la pension qui vous a été promise par mon père vous sera également

payée dans tout autre lieu. — Ce discours, dit en souriant ironiquement
Alfred, ressemblerait beaucoup à un
congé, s'il était adressé à un valet; ne
pouvant me convenir, sous aucun rapport, je le regarde comme non avenu;
ma présence ne vous étant pas agréable,
je me priverai sans peine de votre compagnie; cependant je ne quitterai pas
Shelter-Housse, parce que vous n'y
êtes pas le maître : miss Tilbury voulant bien m'y souffrir, j'y resterai tant
qu'elle y commandera. — Peu m'importe, dit George en lui faisant signe
de se retirer : ce qu'il fit en murmu-
rant. George le méprisait trop pour
paraître s'être aperçu de son imperti-
nence.

En sortant de la chambre de M. Tilbury, Worm se rendit à l'appartement
des deux sœurs. Plusieurs fois il s'y
était présenté, mais Diana ne l'avait

pas laissé entrer. Malheureusement la
gouvernante était absente : ce qui fit
qu'il arriva, sans empêchement, jusqu'au cabinet de toilette où se trouvaient Adolphina et Théodosia. Surpri-
ses d'une visite qu'elles ne devaient pas
attendre, Théodosia lui demanda ce qu'il
désirait. — Avoir le plaisir de vous
voir, mesdames ; il y a si long-temps
que vous êtes invisibles, qu'il est excusable de chercher à se dédommager
d'une aussi grande privation. Adolphina rougit, et ne parla pas ; mais
Théodosia prit la parole. — Je vous
croyais envoyé par ma tante ; sans
cela, monsieur, je vous aurais immédiatement prié de vous retirer : vous
n'êtes rien ici pour nous ; et, si l'on
vous y souffre, je vous proteste que ce
n'est pas d'après notre volonté. — Je
voudrais savoir si c'est ainsi que pense
miss Adolphina ? — Convaincue de la

sagesse de ma sœur, je n'ai rien à dire
quand elle a prononcé. — Une conduite aussi peu mesurée a lieu de me
surprendre; et je devais m'attendre
que l'homme estimé de mis Tilbury
pouvait prétendre à la même faveur de
ses nièces. — Sur ce point, monsieur,
vous avez pu vous tromper: ma tante
est maîtresse d'agir comme il lui con-
vient de le faire; mais le léger pouvoir, que lui accorde le testament de
mon père, ne s'étend pas jusqu'à nous
forcer de la prendre pour modèle.
Ayant en ce moment des occupations
qui requièrent toute notre attention,
trouvez bon que je vous prie de nous
laisser libres. — Permettez - moi de
m'informer de nouveau si, en parlant
ainsi, miss Théodosia exprime aussi
les sentimens de sa sœur? — Je ne
sais pourquoi vous affectez d'interpel-
ler Adolphina, quand c'est moi qui

vous signifie notre volonté? Apprenez,
monsieur, que, dans toutes les circonstances, ma sœur et moi avons
toujours été du même avis. — Je le
crois, madame; mais je n'en persiste
pas moins à prier miss Adolphina de
me dire si la conduite que sa sœur ob-
serve avec moi, a obtenu son approba-
tion. — Je ne puis que répéter, monsieur, qu'ayant une entière confiance
dans Théodosia, je n'hésiterai jamais
à suivre son exemple. — Ainsi donc
je suis également un objet d'horreur
pour l'une et pour l'autre? — En vérité, monsieur, vous mettez à tout ceci
beaucoup trop d'importance: notre désir est de n'être point troublées dans
notre retraite; il me semble qu'il devait vous suffire de connaître notre intention, pour vous y conformer: ce long
colloque est tout-à-fait déplacé. Theodosia, en terminant, conduisit Alfred

vers la porte, qu'elle ferma avec vivacité dès qu'il fut dehors. Avant de
quitter le cabinet, Worm jeta un regard terrible sur Adolphina; il n'é-
chappa pas à sa sœur. — Ce misérable,
dit celle-ci en rentrant, paraît acharné
à nous tourmenter... O mon Dieu !
comme vous êtes pâle ! Rassurez-vous,
Adolphina; tel pouvoir que cet homme
ait sur l'esprit de ma tante, il ne peut
être redoutable pour nous. Le temps
de notre minorité passé, nous ne dé-
pendrons plus que de nous-mêmes. Au
reste, je me plaindrai à miss Tilbury
des importunités de son favori. — Ne
ferions-nous pas mieux de n'en pas parler encore? — Il croira que nous le
craignons, et deviendra plus auda-
cieux ; je ne vois pas que nous ayons
rien à appréhender d'un pareil homme.
— J'ai une opinion contraire ; certainement il est capable de faire bien du

mal. — Il est facile de s'en garantir. — Pas si facile, peut-être, que vous le présumez. — C'est un être tout-à-fait insignifiant. — Ce n'est pas sous ce point de vue qu'il se considère. — Que nous importe l'opinion qu'il ait conçue de lui-même. — Il a l'entière confiance de ma tante. — Ma tante n'a sur nous que le droit de s'opposer au choix que nous aurions fait d'un époux contre sa volonté. — Le plus prudent serait de ne pas le braver ; les méchans trouvent toujours l'occasion de nuire. — Vos craintes, chère Adolphina, n'ont, je vous l'assure, aucun fondement ; mais je ne veux pas vous contrarier, et le mépris sera la seule arme dont je me servirai avec lui.

Quand les deux sœurs consentirent à quitter la retraite, elles ne virent pas sans chagrin l'intimité qui régnait entre Esther, le baronnet et le ci-devant pré-

cepteur de George : il leur fut également désagréable de trouver un changement total dans la maison. Plusieurs
domestiques avaient été renvoyés, et
etaient remplacés par des inconnus.
Diana en avait déjà instruit ses jeunes
maîtresses, et Théodosia s'était promis
de prier miss Tilbury de leur apprendre en quoi les valets de leur père
avaient pu mériter d'être renvoyés si
peu de temps après sa mort, et au moment où il venait de leur donner des
marques de son estime, en leur léguant
une somme comme une récompense
pour leur fidélité et leur attachement.
Effectivement, Théodosia en fit la demande à sa tante. — Je suis votre tutrice par la volonté de votre père ; sans
doute qu'il m'a jugée digne d'en remplir
les devoirs : je n'ai donc aucune explication à vous donner sur ce que j'ai fait.
En cela, ainsi que dans beaucoup d'au-

tres choses, vous aurez, s'il vous plaît,
pour agréable de vous conformer à tous
les changemens qui me sembleront nécessaires. — Je crois, en effet, qu'il s'en
est fait déjà beaucoup dans la famille,
dit Théodosia, en jetant sur sa tante un
regard mécontent, et je crois aussi qu'il
pourra bien s'en faire encore auxquels
nous ne serons pas appelées. — J'aime
à m'assurer que vous êtes convaincue
que ma volonté n'a nulle besoin d'être
appuyée par les vôtres. Adolphina écoutait tristement l'espèce d'altercation qui
s'était élevée entre sa tante et sa sœur.
Depuis son retour, la pauvre Adolphina
était d'une timidité craintive, qui ne lui
permettait pas de seconder sa sœur hautement ; elle se contentait d'applaudir
tout bas à une fermeté qu'elle ne se
sentait plus la force d'imiter.

Parmi le grand nombre d'étrangers
qui étaient reçus à Shelter-House, qui

tous étaient des voisins plus ou moins
éloignés, on remarquait un jeune sei-
gneur d'un physique recommandable
et d'une rare amabilité : milord John
Cramburn avait alors vingt-sept ans; il
jouissait d'un revenu de 6,000 livres
sterlings. Son père était mort depuis
deux ans, et il n'en avait que sept
quand il perdit sa mère. Fait, par
son esprit, ses talens et son instruction,
pour jouer un rôle brillant dans la ca-
pitale, il préférait habiter son château
de Little-Hill, situé à six milles au nord
de Shelter-House; il était venu s'y éta-
blir peu de jours après la mort de
M. Tilbury. Croyant la famille livrée
à la douleur, il avait attendu, pour
faire sa visite de voisin, que les premiers instans, qui sont les plus sensi-
bles, se fussent écoulés.

Milord Cramburn, jeune et riche,
ne pouvait qu'être bien reçu de miss

Tilbury : il le fut également de George et de ses sœurs, quand il fut assez connu à Shelter-House pour y être apprécié ; George surtout tarda peu à découvrir ses qualités estimables, et forma le désir de devenir son ami. Il paraît que John se sentit des dispositions semblables ; car les avances de ces jeunes gens furent mutuelles, et bientôt il s'établit entre eux une vive et sincère amitié. C'était la plus heureuse circonstance pour M. Tilbury : nouvellement revenu de ses erreurs, il avait besoin, pour persévérer dans la bonne voie, d'y être soutenu par de bons conseils, et surtout de bons exemples.

Si Esther vit avec peine la grande liaison qui se formait entre son neveu et l'habitant de Little-Hill, Alfred Worm en fut encore plus mécontent. George qui, jusqu'à la mort de son père, avait été entièrement guidé par

des passions peu dignes d'un homme
bien né, n'était pas un témoin qu'Alfred redoutât. Accoutumé, d'après les
principes qu'il lui avait inculqués, à le
considérer comme une espèce de brut,
il ne crut nullement au changement
que George lui avait manifesté, et il
comptait bien, sous peu de temps, rire
avec lui de ce prétendu changement.
Ce que Worm redoutait le plus, c'était
que son pupille fût à portée de faire la
comparaison de l'éducation qu'il avait
reçue, avec celle d'autres jeunes gens
élevés dans des sentimens d'honneur.
Quand sir Joseph vint avec son fils à
Shelter-House, les vertus de Francis
Lovering n'échappèrent pas aux observations d'Alfred. Il étudia les dispositions des deux jeunes gens, et s'assura
bientôt que rien, dans leur caractère et
leur goût, ne pouvait les rapprocher.
Worm essaya si, en jetant un ridicule

sur les manières de George , et surtout
sur le mauvais ton qu'il avait contracté
dans ses précédentes sociétés , il ne
pourrait pas éloigner milord Cramburn
de l'envie de former une liaison d'amitié avec un être si peu recommandable.
Ce moyen, au lieu de remplir ses vues,
donna de lui l'opinion la plus défavo-
rable.

CHAPITRE XII.

A peine trois mois s'étaient écoulés de
puis la mort de M. Tilbury, quand Esther signifia à Théodosia qu'approuvant la recherche de sir Joseph, elle
exigeait qu'il fût reçu d'elle comme
devant être son époux à la fin de son
deuil. Pour toute réponse, Théodosia
pria sa tante de prendre lecture du testament de son père. — Ainsi, vous êtes
décidée à ne pas accepter l'établisse-
ment le plus avantageux ? — Je ne puis
donner ma main à celui qui n'obtiendra
jamais mes affections. — Je crois que
vous seriez plus disposée à l'obéissance
s'il s'agissait de M. Lovering ? — Je ne
serai l'épouse d'aucun des deux. —

Théodosia, vous n'êtes pas sincère. — Jamais je ne le fus davantage. — Savez-vous, fille obstinée, que vous donnez une fausse interprétation au testament de mon frère? Vous ne pouvez vous marier sans mon consentement. — Aussi n'en ai-je pas l'intention; mais je sais de même que vous n'avez le droit de diriger mon choix que par vos conseils. — Comme votre tutrice, mon influence doit prévaloir. — Sans doute, si elle n'était pas en opposition avec mes sentimens. — La sœur de votre père devait s'attendre à plus d'egards de votre part. — Mon excellent père lui-même a approuvé mon refus; j'espérais que sir Joseph aurait assez de délicatesse pour ne pas avoir oublié ma première réponse, à laquelle je le renvoie encore aujourd'hui. — Mon frère ma donné une terrible charge en me confiant la direction de ses enfans.

— Mon père a pensé qu'il vous prouvait sa confiance, en vous laissant, jusqu'à notre majorité, le droit de disposer de notre fortune ; mais il était loin de présumer que vous voudriez vous approprier celui de disposer de nos personnes. — Je vous engage, Théodosia, à réfléchir sérieusement avant de prendre une dernière détermination. — Je vous proteste, madame, que vingt ans de réflexions n'occasioneraient aucun changement dans mes sentimens pour sir Joseph.

J'avais le projet, dit un jour le baronnet à son fils, d'obtenir pour vous la main de miss Adolphina Tilbury. Francis rougit ; son père, pour mieux s'assurer que la sœur de Théodosia était l'objet de son choix, s'arrêta avant de terminer sa phrase ; enfin, il continua : l'anxiété était peinte dans tous les traits de Francis. — Ce projet aurait déjà eu son exécution ; mais jamais cette union n'aura lieu qu'autant que le même jour éclairera mon hymen avec sa sœur. Ainsi, mon fils, votre sort est entre vos mains : obtenez que Théodosia se donne à moi, et je me charge d'obtenir pour vous la main d'Adolphina. Vous ne craignez sûrement pas qu'elle refuse d'y joindre le don de son cœur. — Moi, mon père ! je n'ai certes pas la présomption que vous me supposez : je ne disconviens pas que je ne me trouverais l'homme du monde le plus heureux, s'il m'était permis de croire que je pusse obtenir le cœur et la main d'Adolphina ; mais rien, dans la conduite de cette charmante fille avec moi, n'a donné lieu à ce que je me livrasse au plus léger espoir. — Mes observations ont eu un résultat beaucoup plus satisfaisant; car je vous proteste que vous êtes aimé, et

tendrement aimé. — Hélas ! je ne puis
m'en flatter. — Avez-vous tant de timidité, que vous n'osiez faire quelques
tentatives pour vous en assurer ? —
Miss Adolphina évite avec soin toutes
les occasions qui pourraient me faciliter
celle de lui déclarer mes sentimens. —
Voulez-vous me charger d'être votre
interprète auprès d'elle ? — Oh! non,
non ; je vous supplie de ne faire aucune démarche à ce sujet. — Il est un
moyen qui ne peut déplaire à Adolphina, et qui levera tous vos doutes :
adressez-vous à sa sœur ; confiez-lui vos
craintes ; avouez-lui que je connais et
approuve votre amour, mais que je
mets à votre hymen avec Adolphina la
condition que j'obtiendrai la main de
Théodosia. Francis observa qu'il ne
pouvait prescrire des lois quand il avait
à solliciter une grâce, et quitta son
père, peu disposé à remplir ses désirs.

La liaison qui s'était formée entre milord Cramburn et George Tilbury devint chaque jour plus intime. Chaque jour aussi Alfred sentit redoubler son éloignement pour l'ami de son élève ; il avait bien essayé de faire passer ses sentimens dans le cœur d'Esther, mais il y avait rencontré une opposition marquée ; en voici la raison. John ressemblait beaucoup au capitaine Devis ; on n'a pas oublié que ce dernier avait été, vingt ans auparavant, l'objet des préférences de miss Tilbury. Le souvenir lui en était toujours cher ; elle n'y pensait qu'avec dépit, mais elle y pensait ; et celui qui lui offrait les traits de l'homme qu'elle avait aimé avec passion, ne pouvait lui être indifférent. Ne voulant pas avouer à Worm le motif qui lui rendait la présence du jeune lord infiniment agréable, elle accusa Alfred d'une ridicule prévention. De vives altercations eurent lieu, et furent suivies d'un refroidissement visible ; mais de mutuelles raisons engagèrent bientôt les deux parties à se rapprocher : il paraît que Worm céda, car milord Cramburn fut reçu avec autant d'affabilité qu'à l'ordinaire.

Depuis le retour d'Adolphina a Shelter-House, son caractère avait pris une teinte de tristesse qui affligeait tous ses amis. Théodosia et Diana, surtout, déploraient sans cesse l'affreux événement qui avait occasioné un si terrible changement. Cependant, fidèles à leur serment, elles ne se permettaient jamais une seule question qui eût trait à la fatale absence d'Adolphina ; mais lorsqu'elles remarquèrent que non-seulement l'intéressante fille ne pouvait recouvrer sa gaîté, mais que, malgré ses efforts, il lui était impossible de cacher son dépérissement, et qu'une fièvre lente la consumait, sans qu'elle proférât la plus légère plainte, Théodosia se persuada qu'elle était malade. A la demande réitérée qu'elle lui en fit, Adolphina s'en défendit absolument. Cependant sa sœur l'aimait trop pour ne pas désirer connaître ce qui avait pu causer ce redoublement de chagrin. Ses yeux étant presque continuellement fixés sur cet objet de son attachement, elle avait découvert qu'en la présence de Francis, Adolphina changeait plusieurs fois de couleur; il lui sembla aussi qu'en répondant à ce jeune homme, quand il lui adressait la parole, le son de sa voix avait plus de douceur. A la vérité les mêmes symptômes se manifestaient quelquefois quand elle parlait à d'autres personnes, nommément à Alfred; mais alors elle prenait un maintien sérieux: au contraire, avec Francis, elle baissait les

yeux, et ne paraissait affectée d'aucune
sensation désagréable. Persuadée que
sa sœur avait une véritable prédilec-
tion pour M. Lovering, elle aurait désiré que ce jeune homme fît la demande de sa main. Elle ne doutait nullement qu'Adolphina ne fût l'objet de
l'attachement de Francis ; mais elle
voyait que la timidité de ce dernier
l'empêchait de l'avouer à celle qui l'a-
vait fait naître : il fallait donc le forcer
à en faire la confidence. Il était sans
doute fort inconvenant que ce fût là
sœur d'Adolphina qui voulût se charger de ce singulier rôle ; mais la tendre
amitié ne connaît pas ces ménagemens
qui servent souvent d'excuses aux in-
différens, pour se dispenser d'offrir
leur médiation. Théodosia avait un
double mérite à s'employer avec
tant de dévouement dans cette affaire.
Mais aucune considération ne peut ar-

rêter les bons cœurs : plus les sacrifices qu'ils font sont grands , et plus ils
se félicitent de les avoir faits. L'occasion s'étant présentée le même jour que
Théodosia avait pris cette détermination, elle ne la laissa pas échapper.
Francis, se trouvant seul avec la sœur
d'Adolphina, ne put se défendre de
penser que s'il osait suivre le conseil
que lui avait donné son père, jamais
il ne pourrait trouver de moment plus
opportun ; mais la crainte de déplaire
retenait ses paroles, et lui donnait un
air d'embarras, que sûrement Théodosia aurait remarqué, si, troublée
par l'appréhension de compromettre
sa sœur et elle - même , elle avait seulement levé les yeux sur le jeune
homme. — Vous êtes bien silencieux
ce matin, monsieur Lovering? — Ne
pourrais-je pas, madame, vous adresser une question semblable? — Je ne

m'en défends pas ; tout occupée de la démarche que je me propose de faire, je puis avoir l'air un peu pensif. Francis n'avait rien à répondre ; il se fit un nouveau silence. — Avez-vous jamais éprouvé, reprit Théodosia, que, tout en sentant qu'on est sur le point de commettre une faute, on ne peut s'empêcher d'y tomber ? C'est une des milles contrariétés du cœur humain. — Je connais cette situation ; oui, je la connais par expérience. — En ce cas, vous serez pour moi un juge indulgent. — Tout ce que fait et dit miss Théodosia n'a nul besoin d'indulgence. — Combien vous allez rabattre de votre bonne opinion ! Cependant mon motif adoucira ce que ma démarche peut avoir de répréhensible. Alors, avec toute la délicatesse dont une femme sensible et modeste sait si bien user, Théodosia engagea Francis à solliciter

la main de sa sœur. — J'aime à penser, dit-elle, que la société intime
d'un homme aimable dissipera la tristesse de celle qui m'est si chère. Lovering saisit la main de Théodosia. —
Précieuse confiance, dit-il, en pressant cette main dans les siennes ; ah !
que l'espoir charmant que vous faites
luire dans mon cœur, me rendrait heureux, s'il m'était possible de croire
qu'il pût se réaliser ! Devenir l'époux
de l'adorable Adolphina, lui dévouer
mon existence, ne m'occuper qu'à rendre la sienne douce autant qu'agréable, serait une félicité inapréciable ;
mais, hélas ! je n'ose me flatter... Mon
père aussi a lu dans mon âme ; il connaît mes sentimens pour votre aimable
sœur... ; rendant lui-même justice à...
toutes les qualités qui vous sont com-
munes avec miss Adolphina, il a conçu
pour la belle Théodosia l'amour le plus

tendre et le plus ardent. — Pardon,
monsieur, si je vous iuterromps, mais
je dois vous adresser une question,
avant d'en entendre davantage : Savez-
vous que sir Joseph m'a offert deux
fois sa main ? Francis pâlit. — Sur mon
honneur, madame, je l'ignorais. —
Il n'est pas délicat de vous en avoir fait
un mystère ; mais sans doute il ne vous
a pas chargé d'une troisième importu-
nité : je me sers de ce terme, parce
que mes deux réponses étaient tellement décisives, que je pourrais regarder sa persévérance comme un projet
de me tourmenter. — Au nom de Dieu,
fille céleste, ne me rendez pas respon-
sable d'une indiscrétion que rien ne
peut excuser : je suis assez à plaindre,
sans ajouter à mon chagrin celui de
craindre d'avoir encouru votre haine.
— Vous ne pouvez concevoir une telle
appréhension : je serais injuste en vous

accusant d'une faute involontaire ; mais, monsieur Lovering, vous n'avez pas répondu à ma question : Est-ce d'après le désir de sir Joseph, que vous m'avez fait part de ses sentimens ? Francis baissa les yeux sans parler. —Je comprends parfaitement votre silence, et j'avoue que je conçois difficilement qu'il se soit exposé au désagrément de se voir confirmer un refus par la bou- de son fils. Quelle pouvait-être son in- tention ? — Il en avait une sans doute, celle de détruire mon repos, mon bon- heur, et de me rendre le plus miséra- ble des hommes. — Vous m'effrayez : qu'à de commun votre bonheur per- sonnel avec mon vœu de ne jamais me marier ? — Dussé-je encourir tous les maux dont je suis menacé, je dois achever mon affreux message. Mon père, madame, a eu la cruauté de met- tre à mon union avec Adolphina, la

condition que vous ne rejeteriez pas
l'offre de son cœur et de sa fortune.
Théodosia changea de couleur, et s'é-
cria avec un accent altéré : — Juste
Ciel ! à quelle épreuve suis-je donc ré-
servée ? Je ne puis, monsieur, prolon-
ger cet entretien ; en vérité j'ai besoin
d'être seule ; nous nous reverrons : ne
dites pas à votre père que vous m'avez
encore parlé. Francis la quitta déses-
péré. Les plus douloureuses réflexions
furent la suite d'un entretien qui lui
avait fait connaître le peu de délicatesse de son père, et qui lui donnait la
certitude de son malheur éternel. Plus il
pensait à la disproportion qu'il y avait
entre l'âge du baronnet et celui de
Théodosia, et moins il pouvait concevoir comment il avait pu croire qu'une
telle union pût jamais se former. Sir
Joseph avait déjà reçu deux fois un refus positif, et cependant il n'avait pas

craint de l'exposer à déplaire à Théodosia, en le forçant, pour ainsi dire,
à répéter une demande présomptueuse
même dans son origine. Quel pouvait
être le motif de son père, sinon de lui
faire connaître qu'il n'obtiendrait jamais son consentement pour son mariage avec Adolphina. Je ne récuse
pas, pensait-il, le pouvoir de celui qui
m'a donné le jour ; je dois à sa volonté le sacrifice d'un bonheur qu'il
désapprouve ; mais mon obligation envers lui ne s'étend pas jusqu'à me con-
damner moi-même au supplice affreux
de voir la femme que j'aime avec idolâtrie, devenir la propriété d'un autre :
puisqu'il me faut renoncer à sa possession, je m'en éloignerai. L'arrivée
de celle qui occupait toutes ses pensées porta dans sa contenance un
trouble si sensible, qu'Adolphina ne
put éviter d'en faire la remarque. Pâle,

tremblant, à peine eut-il la force de
faire quelques pas pour sortir, après
l'avoir saluée. — Vous n'êtes pas bien,
monsieur Lovering ? — Excusez moi,
madame; un étourdissement..... Heureusement un fauteuil put le recevoir.
Sans précisément perdre connaissance,
il se trouva si mal qu'il lui fut impossible d'aller plus loin. Adolphina, très-
effrayée, s'empressa de le soutenir, en
appelant pour qu'on vînt à son secours.
— Au nom du Ciel, dit-il, ne rendez
personne témoin de ce léger malaise ;
un moment suffira pour le dissiper entièrement. — Prenez mon bras, monsieur Lovering ; venez respirer l'air ;
vous vous en trouverez bien. — Où
pourrai-je me trouver mieux qu'ici ?
Ah! jamais je n'éprouverai autant de
bonheur: Adolphina ne se méprit pas
au sens de ces paroles ; mais elle s'efforça de paraître ne les pas compren-

dre, et elle persista à vouloir le conduire sur la terrasse. Le bras de la jeune personne supportait la tête de Francis : elle chercha à le retirer doucement ; il ne s'y opposa pas, mais il la regarda d'un air suppliant. — De grâce, madame, daignez m'accorder encore quelques minutes de félicité : hélas ! ce seront les dernières. — Pourquoi vous frapper ainsi ? Hier, vous vous portiez à merveille ; dans une heure ou deux je suis sûre que vous serez guéri. — Cela est impossible, et je suis loin de le désirer. — En vérité, je ne vous entends pas. — Me permettez-vous de m'exprimer plus clairement ? — Oh ! non, répondit Adolphina d'une voix basse. — Je voudrais vous obéir ; mais, au moment de vous quitter, peut-être m'est-il permis... — Quoi ! vous devez bientôt partir ? dit Adolphina, d'un mouvement irréfléchi. Le rouge qui

il lui était monté à la figure, l'alté-
ration de sa voix, et l'inquiétude qui
se peignit dans son regard, donnèrent
au jeune homme la hardiesse d'oser
faire l'aveu de ses sentimens. A peine
Adolphina lui laissa-t-elle articuler le
premier mot, que la pâleur de la
mort couvrit son visage. — Arrêtez,
dit elle ; il m'est impossible de vous
écouter. — Ainsi, vous me haïssez au
point de refuser de m'entendre ? — Je
n'ai aucune raison pour vous haïr ;
mais j'en ai de très-impérieuses pour ne
pas vous laisser le moindre espoir que
vous puissiez jamais devenir mon
époux. — Avec quelle facilité vous
prononcez l'arrêt qui me condamne à
un malheur éternel. — Par pitié,
monsieur Lovering, n'agravez pas
l'horreur de mon sort, en me faisant
envisager que je puisse être un empêchement à votre félicité. — En peut-il

exister pour moi, sans la possession de cette main chérie? Adolphina se couvrit les mains pour cacher les larmes qu'elle ne pouvait retenir. — Vous pleurez! fille céleste, s'écria Francis en se mettant à ses genoux; est-ce de regret d'avoir porté la mort dans mon cœur? Adorable Adolphina, rétractez ce que vous avez dit, ou laissez-moi mourir à vos pieds. Il s'était emparé d'une main d'Adolphina, qu'il pressait tendrement dans les siennes: en ce moment la porte s'ouvre, et Alfred paraît. Un cri échappe à Adolphina; elle semble anéantie. Francis s'était promptement relevé. — Que je ne vous dérange pas, dit Alfred, d'un air d'ironie si insultant que Lovering lui demanda de quel droit il se permettait de prendre un ton qui lui convenait si peu? — Des droits! reprit Alfred: avant de vous répondre, je vous de-

manderai, à mon tour, si vous avez
celui de m'interroger? Au reste, je
prie miss Tilbury de vouloir bien répondre elle-même. Adolphina se leva;
et, après avoir dirigé ses yeux vers le
ciel, avec l'expression de la plus vive
douleur, elle quitta le salon. — Ce
n'est pas ma faute, dit Alfred, si miss
Tilbury n'a pas jugé à propos de répondre à votre question, et je pense
que je ne puis mieux faire que de l'i-
miter. Il n'était pas encore dans la
pièce voisine, quand Francis prononça
très-distinctement le mot insolent; mais,
Worm ne crut pas devoir paraître l'a-
voir entendu.

Combien le fils de sir Joseph maudit
l'importun qui était venu interrompre
l'entretien, à l'instant ou son sort allait
être décidé! — Si du moins je pouvais
me flatter que je ne lui suis pas indifférent, je saurais supporter les peines les

plus affreuses. Je ne pourrai jamais, m'a-t-elle dit, devenir son époux... pourtant elle ne me hait pas. Serait-elle informée de l'injuste condition que mon père met à accorder son consentement à notre union? ou se sent-elle pour moi un insurmontable éloignement? Cependant ses yeux noyés de larmes avaient une expression si douce; cet ange du ciel sollicitait ma pitié. « N'agravez pas, disait-elle, l'horreur de mon sort. » Elle est donc bien malheureuse? Qui donc serait capable de lui faire de la peine? Je ne sais; mais il y a ici plusieurs personnes qui ne me plaisent pas: ce Worm est rempli d'audace; il semblait vouloir la défier. Je n'aime pas non plus cette vieille tante : c'est elle sûrement qui fait du chagrin à Adolphina. La politesse, les prévenances dont elle m'accable ne peuvent détruire l'espèce de repoussement qu'elle m'inspire. Alfred

la quitte peu, et il ose parler avec liberté aux jeunes personnes : donc il se
croit autorisé à le faire impunément.
Les réflexions de Francis se seraient
prolongées, si l'arrivée de miss Esther
Tilbury n'y avait mis fin. — Seul ici,
monsieur Lovering ! je vous croyais
avec mes nièces ? — Je n'ai eu l'honneur de les voir qu'un instant. — Vous
n'êtes pas malade, j'espère ? — Non,
madame. — Je vous trouve un peu
changé. — Cependant je me porte fort
bien. — Tant mieux. Ah ! je vois ce
que c'est : il est ordinaire de prendre
le ton des personnes que l'on voit souvent ; Adolphina est d'une humeur si
sombre qu'elle vous aura communiqué sa tristesse. — Je ne pourrais que
gagner beaucoup à imiter l'aimable
tante et ses charmantes nièces. — Vous
êtes galant, monsieur Lovering. — Madame, je suis vrai. — A propos, votre

père vous a-t-il parlé de son projet? —
Quel projet, madame? — Mais celui
d'épouser Théodosia. — Il m'en a tou-
ché quelque chose. — Quelle est votre
opinion sur ce projet? — C'est celui d'un
homme amoureux. — Sans doute on
ne sollicite la main que des personnes
que l'on aime ; mais je voudrais savoir
si vous applaudissez à son choix ? —
Il ne pouvait en faire un plus favorable. — Pensez-vous qu'il sera agréé? —
Je l'ignore. — Il me semblait qu'il vous
avait chargé de sonder les sentimens
de ma nièce? — Cette commission ne
pouvant me convenir, je ne m'en suis
pas acquitté. — C'est réellement man-
quer d'obligeance pour un aussi bon
père : cela m'étonne d'autant plus que,
si je suis bien informée, vous étiez intéressé à faire réussir cette affaire. —
Tel grand que me parût un bonheur,
je ne voudrais pas l'obtenir s'il devait

causer le malheur d'un autre. — Ainsi vous présumez que la femme de sir Joseph sera malheureuse ? — Elle le serait si l'inclination n'était pas mutuelle. — La raison peut tenir lieu d'amour. — Peut-être à l'âge mûr. — Je vois clairement que vous blâmez votre père. — Je ne me permets aucunes réflexions ; et, dans l'opinion que je viens d'émettre, je n'ai pas prétendu personnifier, mais seulement généraliser.

Francis, fatigué d'une conversation qui confirmait l'idée fâcheuse qu'il avait conçue du caractère d'Esther, prit congé d'elle, et s'en retourna à Romantic-Lodge.

CHAPITRE XIII.

EN quittant M. Lovering, Théodosia fut s'enfermer dans sa chambre. Une abondance de larmes soulagea son cœur oppressé. Après s'être livrée à la plus vive douleur, son grand courage reprit toute son énergie. « C'en est fait, dit-elle, en se levant et essuyant ses yeux : le sacrifice se fera sans qu'on se doute de ce qu'il m'aura coûté. Oh divine amitié ! ce sera toi qui me dédommagera. Cependant, si..... Espoir perfide, éloignez-vous ; je ne puis, je ne veux plus m'occuper de ce qui me regarde ; l'égoïsme est un sentiment odieux : il me sera toujours étranger. » Sans se permettre une réflexion de plus, Théodosia descend chez sa tante ; elle rencontre sa sœur. La figure d'Adolphina était plus sombre encore qu'à son ordinaire. Théodosia saisit sa main, et la serre avec tendresse. — Prenez courage, chère Adolphina ; vous serez heureuse : c'est votre meilleure amie qui vous le promet. — Impossible, dit tristement Adolphina. Sa sœur l'avait déjà quittée. Que veut-elle me faire entendre ? Bonne Théodosia, il n'est en votre pouvoir ni en celui de personne de changer la rigueur de mon sort.

Théodosia trouva sa tante sortant de son appartement. — Je voudrais vous parler, chère tante. — Pas en ce moment ; mais attendez-moi, je tarderai peu à revenir. A peine une demi-heure s'était écoulée, quand miss Tilbury vint rejoindre sa nièce. — Qu'avez-vous à me dire ? Soyez brève : j'ai des lettres à écrire. — Quelques mots suffiront : j'accepte l'époux que vous m'avez proposé. — Vous consentez à devenir la femme de sir Joseph ? — Oui, madame, j'y consens. — Je suis charmée de vous voir raisonnable; vous ne pouviez prendre un meilleur parti. — Vous êtes pressée, madame, je me retire. Un mot encore : je demande que l'on ne donne de publicité à ce mariage, que la veille de son exécution ; c'est ma condition. — J'y ferai aisément souscrire le baronnet. Sans doute Adolphina n'est pas comprise dans le mystère que vous désirez ? — Elle plus.... puis se remettant : je n'en excepte personne. — Cela suffit.

Dès que sir Joseph fut informé du consentement de Théodosia, il fit faire secrètement tous les préparatifs, afin que son mariage pût se conclure avant la fin du mois. Dans son impatience amoureuse, il trouvait bien longs les

quinze jours qui devaient encore s'é-
couler.

Le premier moment d'héroïsme passé,
Théodosia sentit son courage diminuer;
elle ne se repentit pas, mais elle craignait que sa mort ne précédât le sacrifice.

Quelques grands que fussent ses efforts, il ne lui fut pas possible de cacher la profonde tristesse qui la dévo-
rait. Il semblait que les deux sœurs
étaient atteintes du même mal; elles
eurent bientôt un sujet légitime de se
livrer à la douleur. La bonne Douglas
tomba malade, et, en peu de jours, les
orphelines perdirent celle qui avait été
pour elles une seconde mère. Théodosia
et Adolphina furent inconsolables. La
première pria sa tante de dire au baronnet qu'elle demandait un délai d'un
mois pour remplir sa promesse : ce ne
fut qu'avec la plus grande peine qu'il

voulut y consentir. Esther, de son côté, avait essayé de persuader à sa nièce que la mort d'une gouvernante ne devait, sous aucun rapport, être un obstacle à l'accomplissement de son hymen ; mais elle ne put rien obtenir.

Excepté aux heures des repas, Adolphina et sa sœur ne se montraient pas dans l'appartement de leur tante. Toutes deux donnaient des regrets bien sincères à leur vieille amie. Honorée des bontés et de l'amitié de mistress Tilbury, Diana avait toujours été chère à ses élèves : sa perte rouvrit toutes leurs blessures ; il leur semblait qu'elles étaient encore plus orphelines qu'auparavant. Les sentimens, les principes de Douglas avaient été ceux de M. et de mistress Tilbury ; elles recevaient ses conseils avec une sorte de soumission, et jamais elles ne prenaient une résolution sans avoir consulté Diana.

Milord Cramburn n'avait pu voir Theodosia sans l'admirer : ce sentiment était un juste hommage rendu à sa beauté ; mais avec la délicatesse de la façon de penser du jeune lord, les charmes extérieurs n'auraient pas suffi pour fixer son choix dans celui d'une épouse. Il voulait que sa compagne joignît aux grâces de sa personne une âme sensible, un cœur généreux, de la noblesse dans les principes et un bon caractère. Il lui fallut peu de temps pour s'assurer que les deux sœurs possédaient toutes ces éminentes qualités : l'une et l'autre étaient charmantes ; mais il se sentait plus de disposition à préférer Théodosia. Cependant il n'avait encore formé aucun projet quand il s'aperçut, avec tout le monde, du changement de cette dernière. Persuadé qu'à l'âge de Théodosia, on ne s'attriste pour nul autre motif que celui qui contrarie une

inclination, il crut qu'elle aimait quelqu'un qui n'avait pas obtenu l'appro-
bation de sa tante. Ne connaissant pas
les closes du testament de M. Tilbury,
il imagina qu'Esther avait tout pouvoir
sur ses nièces, et pouvait en disposer à
sa volonté. Curieux de connaître l'objet heureux qui avait su plaire, il étudia la manière dont les jeunes gens,
qui étaient admis à Shelter-House,
étaient accueillis par Theodosia ; mais,
polie également avec tous, il ne paraissait pas qu'elle en distinguât un
particulièrement. John fit à George
quelques questions indirectes ; mais il
n'en obtint pas plus de lumière. George, d'un naturel, du moins jusqu'alors,
peu porté à la tendresse, était un très-
mauvais connaisseur ; il fallut qu'il se
décidât à attendre du temps les éclair-
cissemens qu'il désirait obtenir.

Le mois accordé avec tant de peine

par l'impatient baronnet à Théodosia
s'écoula. La veille du jour attendu si dif-
féremment par les deux futurs époux,
parut. Dès le matin, on vit arriver des
corbeilles remplies de tout ce que le
luxe pouvait imaginer de plus magni-
fique. Théodosia était encore dans sa
chambre, où elle s'entretenait tristement avec Adolphina; un valet, envoyé par miss Tilbury, vint prier ses
nièces de descendre. Le cœur de Théodosia se gonfle; elle sent que le moment est venu d'appeler à elle tout le
courage dont la nature l'a douée : des
larmes semblent vouloir se précipiter
de ses yeux ; elle regarde sa sœur.
Du moins elle sera heureuse, pensa-
t-elle, et ses pleurs se tarirent ; elle
peut forcer sa bouche à sourire ; et,
prenant le bras d'Adolphina, elle l'en-
traîne où elles sont attendues. — Que
nous veut ma tante? demandait en che-

min cette dernière. — Nous allons le savoir : je crois m'en douter. — Et vous ne me l'avez pas dit ? Elles sont à la porte; une femme de chambre l'ouvre : elles trouvent miss Tilbury et sir Joseph Lovering entourés d'étoffes, de bijoux, de fleurs, etc. Le baronnet se lève, et va prendre la main de Théodosia; elle la lui donne d'assez bonne grâce : il la conduit près de sa tante, où un siége l'attendait. A peine est-elle assise que sir Joseph se met à ses genoux. — Que je la reçoive de vous, madame, dit-il à Esther en lui présentant la main de sa nièce. Miss Tilbury la prend et la pose dans celle du baronnet. — Soyez heureux, leur dit-elle : c'est le vœu sincère de mon cœur. Adolphina, restée debout, doutait si la scène qui se passait sous ses yeux n'était pas une illusion de ses sens : sa sœur devenir l'épouse de sir Joseph, d'un homme

pour lequel elle n'avait ressenti que de
l'éloignement depuis qu'elle le connaissait ; tout paraissait arrangé, et
Théodosia le lui avait laissé ignoré. Un
sentiment qu'elle ne peut définir, mais
qui la fait souffrir, lui donne le désir
de se retirer; elle s'en retournait lentement quand sa tante lui demande où
elle va, et pourquoi elle semble insen-
sible au bonheur de sa sœur. — Jamais
je ne mériterai un tel reproche; que
ma chère Théodosia soit heureuse, et...
je le serai moi-même. Théodosia la regarda en souriant; mais Adolphina lut
dans ses yeux combien devaient être
pénibles les efforts qu'elle faisait pour
dissimuler sa douleur.

La surprise fut générale en apprenant le mariage de deux êtres si mal as-
sortis. George, qui ne savait pas cacher sa façon de penser, demanda à sa
sœur si c'était pour faire pénitence dans

ce monde-ci qu'elle avait consenti à devenir la femme d'un homme qui pourrait presque être son grand-père. Sir Joseph fronça le sourcil, et se leva précipitamment. Théodosia frémit ; mais, à sa grande satisfaction, elle vit le baronnet se rasseoir et reprendre l'air calme et gai qu'il avait auparavant. Ou sir Joseph, pensa Théodosia, est bien maître de ses sensations, ou il est d'une fausseté rare.

Miss Tilbury avait envoyé des billets d'invitation à tous les châteaux des environs de Shelter-House pour un dîner, sans faire part du motif qu'elle avait pour rassembler tant de monde. Dans le nombre des personnes priées, milord Cramburn ne fut pas oublié. George le rencontra dans l'avenue, à son arrivée : John descendit de voiture, et tous deux gagnèrent à pied la maison. En apprenant la grande nouvelle du

jour, le baronnet changea de couleur;
son ami s'aperçut de son trouble, et en
devina facilement la raison. —Vous ai-
mez ma sœur? lui dit-il. John baissa les
yeux. — Vous avez eu tort de ne pas
me le dire; il est bien tard; mais n'importe : je parlerai à Théodosia, et je ne
doute pas qu'elle ne vous donne la préférence sur votre vieux rival. Le jeune
homme soupira et suivit George en silence. En entrant dans le salon, Tilbury
dit à sa sœur qu'il désirait lui parler :
se doutant de ce qu'il lui voulait, elle
prétexta ne pouvoir s'éloigner pour
l'instant, et elle l'évita le reste de la
soirée. Vainement la prétendue s'efforçait de paraître tranquille et satisfaite;
personne, excepté le présomptueux
sir Joseph, ne s'imagina que le choix
de Théodosia avait été libre; tout le
monde accusait la tante d'avoir usé de
son autorité pour forcer l'inclination

de sa nièce. Le dîner fut assez triste ;
les convives plaignaient celle qu'ils
croyaient être une victime ; le seul Alfred avait un air de triomphe : les méchans trouvent une jouissance bien
douce à voir souffrir ceux qui les ont
devinés. Il savait qu'il était détesté de
Théodosia ; jamais elle n'avait cherché
à lui cacher le profond mépris dont
elle l'honorait ; il avait lu dans le cœur
de la généreuse fille, il connaissait le
motif louable qui avait décidé le grand
sacrifice qu'elle faisait à l'amour frater-
nel, et se réjouissait d'avance de son
malheur à venir.

Tout le monde fut prié d'assister le
lendemain au mariage. George, quand
ses sœurs furent retirées, alla frapper à
leur porte ; Théodosia empêcha Adolphina de lui ouvrir ; en sorte que l'obligeant jeune homme fut forcé d'attendre au jour suivant. Il espérait encore

détruire l'aveuglement de sa sœur ;
mais celle-ci prit si bien ses précautions, que son frère ne la vit qu'en allant à l'autel. Milord Cramburn ne parut pas à la cérémonie : ce fut le seul
qui y manqua de plus de quarante personnes invitées. La journée se passa
dans la joie pour les convives : vainement les deux sœurs s'efforcèrent de se
mettre à l'unisson. Adolphina ne s'était
couchée, la veille, qu'après avoir sup-
plié Théodosia de lui expliquer le
mystère de sa conduite ; elle n'obtint
pour toute réponse que la promesse de
le lui faire connaître deux jours après.
Un triste pressentiment semblait lui
annoncer que cette découverte ajoute-
rait à ses malheurs. La mariée dansa
avec le fils de son époux : ce jeune
homme, qui ne croyait pas que son
père fût propre à rendre sa femme
heureuse, ne pouvait se réjouir fran-

chement d'un événement qui, quoique
devant amener son bonheur, lui donnait des appréhensions pour celui d'une
fille charmante. Puisse ce jour, lui dit-
il, qui vous joint à ma famille, assurer la félicité que méritent vos vertus !
Théodosia ne répondit pas à ce vœu
obligeant ; elle savait trop bien qu'il ne
s'exaucerait jamais. Francis l'entendit
soupirer, et ce soupir lui confirmait que
ses craintes étaient au moins partagées
par sa belle-mère.

Le lendemain il ne restait à Shelter-
House aucun étranger. A l'heure du
déjeuner, toute la famille, y compris
le jeune Lovering, se reunit dans la
bibliothèque. Dès que le service fut
terminé, et les valets éloignés, lady
Lovering, s'adressant à son mari, l'engagea à remplir sa promesse en demandant à miss Tilbury la main de sa
nièce pour Francis. Cela est trop juste,

dit le baronnet en se levant ; puis, prenant la main du jeune homme, il le
conduisit devant Esther, la priant de
vouloir bien accueillir favorablement
sa proposition, d'ajouter un double lien
à l'union des deux familles. Miss Tilbury reçut cette ouverture avec un air
fort équivoque ; elle allait se tourner
vers Adolphina pour lui donner son
consentement, persuadée qu'elle ne
pouvait, sous aucun prétexte, le lui
refuser, quand un cri de Théodosia,
attirant tous les regards sur Adolphina,
occasiona une confusion générale : —
Ma sœur se meurt! Ce mot avait jeté
l'alarme. En voyant Adolphina étendue
sans connaissance dans les bras de sa
sœur, qui l'y avait reçue au moment où
l'infortunée s'était évanouie, on s'empressa de lui procurer des secours. Ils
furent long-temps sans succès ; une pâleur mortelle aurait fait douter de son

existence, si un léger battement de son cœur n'avait détruit cette horrible crainte. On fit partir une voiture pour Wells, à l'effet qu'elle en ramenât un médecin. Avant qu'il arrivât, Adolphina était revenue à elle, couchée sur un sopha ; il n'y avait plus que des femmes autour d'elle. Esther, dont les nerfs étaient extrêmement délicats, avait redouté qu'un pareil spectacle ne les attaquât trop vivement ; en conséquence elle s'était retirée avec les hommes dans un parloir. Les sentimens sur un événement aussi étrange se trouvaient partagés. Milord pensait que la joie avait pu l'occasioner ; miss Tilbury dit qu'elle était persuadée que la situation de sa nièce avait simplement pour cause une indisposition étrangère à l'objet dont il avait été question. Francis se désespérait ; le pauvre jeune homme mettait sur le compte de l'éloignement qu'Adolphina ressentait pour lui, un accident qui ne s'était manifesté qu'à l'instant où tout le monde était d'accord pour assurer son bonheur. George s'efforçait de détruire une idée qui lui paraissait dénuée de vraisemblance. — Soyez sûr, disait-il, mon cher Lovering, que ma sœur vous aime : j'en ai eu la confirmation dans beaucoup de circonstances. — Je ne suis pas de cet avis, dit alors Alfred, qui jusque-là avait observé le silence. Comme il n'ajoutait rien, George, d'un ton d'impatience, lui demanda quel était donc son avis ? — Il serait possible que miss Adolphina Tilbury eût contracté antérieurement un engagement où son cœur fût vivement intéressé. — Cela n'est pas, dit George avec feu : Théodosia l'aurait su, et certainement elle ne se serait pas employée pour faire réussir un mariage qui était désagréable à sa sœur. — J'ai communiqué mon opinion, reprit Worm; il se peut que je me sois trompé.

Tandis qu'on discutait sur des vraisemblances, Adolphina avait repris ses sens; elle pria Théodosia d'éloigner les femmes dont elle était entourée. Dès qu'elles furent seules, Adolphina jeta ses bras autour du cou de sa sœur. — O ma Théodosia! qu'avez-vous fait? s'écria l'infortunée. Votre motif m'est enfin connu; vous vous êtes sacrifiée pour assurer mon bonheur, et.... ce que vous avez cru qui pourrait y contribuer n'aura jamais lieu. — N'aura jamais lieu! répéta Théodosia; ô mon amie! ma sœur, ne dites pas cela: voulez-vous donc empoisonner le reste de ma vie? Francis vous aime à l'adoration; pardon, si je vous dis que je suis sûre qu'il ne vous est pas indifférent. Vos parens, vos amis désirent

tous ce mariage : qui pourrait s'opposer à son accomplissement? — Hélas!
ce sera moi. — Me serais-je donc trompée, en croyant que cet aimable jeune
homme avait eu le bonheur de vous
plaire? — Vous aviez deviné mes sentimens. — Etrange fille! ils vous est
cher, et vous lui refusez le don de
votre main! — Chère Théodosia, ne
m'interrogez plus. Croyez que si je
pouvais parler, il y a long-temps que
je n'aurais aucun secret pour vous;
mais telle est la rigueur de mon sort,
que je dois souffrir et me taire. Vos
questions m'affligent, parce que je ne
puis y répondre. — Ainsi, vous prononcez de sang-froid le malheur éternel
du plus méritant des hommes? — De
sang-froid! ah! si vous pouviez lire
dans mon cœur, de ce cœur déchiré,
vous me plaindriez au lieu de me blâmer; mais, ma tendre sœur, ne par-

lons pas de mes maux ; ils existent depuis si long-temps que je les supporte avec résignation : occupons-nous plutôt de ce bon Francis. O mon Dieu ! mon plus grand tourment est de penser qu'il pourra se méprendre aux raisons qui dirigent ma conduite. L'obscurité qui m'environne, et qui doit être impénétrable, lui donne le droit de me mal juger. Plaidez ma cause près de lui ; dites-lui que ce n'est par aucune raison qui puisse blesser ses sentimens, que je refuse d'unir son sort au mien. Assurez-lui que, loin de le haïr, je voudrais qu'il fût en mon pouvoir de contribuer à son bonheur ; et vous, bonne, excellente amie, plaignez-moi de ne pouvoir déposer dans votre sein les tourmens affreux qui, j'espère, mettront bientôt un terme à ma douloureuse existence. Théodosia sanglotait en pressant sa sœur dans ses bras. — Un seul moi encore, chère Adolphina : ce mystère est-il une suite de celui que nous jurâmes tous de respecter, après l'événement affreux qui vous avait enlevée à votre famille ? Adolphina fit un signe affirmatif. — En ce cas, je ne me permettrai plus de question. — Vous, ma sœur, qui n'étiez tenu au secret sous aucun rapport, comment avez-vous pu vous décider à fixer irrévocablement votre sort, sans consulter celle qui ne supportait le terrible fardeau de ses chagrins que dans l'espoir de vous voir heureuse ? Hélas ! il me faut donc renoncer à toute espèce de félicité sur la terre ? — Convaincue que sir Joseph ne consentirait à votre union avec son fils, qu'autant que j'accepterais l'offre de sa main que j'avais refusée deux fois, je n'ai pas hésité à lever l'obstacle qui s'était élevé entre deux êtres si dignes l'un de l'autre. Les larmes des deux